Epler av gull

Ramon Bennett

Himmelbok.no

Epler av gull
Originalens tittel: Apples of Gold
Copyright © Ramon Bennett
Copyright denne oversettelse © 2018 Jon Andersen
Alle rettigheter reservert.
Forsidefoto: iStockphoto
Trykk: IngramSpark
1. utgave på papir, juni 2018
Utgitt av Himmelbok.no
ISBN: 978-91-984172-1-0

Hvis intet annet er angitt, er alle bibelsitater hentet fra Norsk Bibels oversettelse av 1988.

Skriftsteder merket med BGO er hentet fra Bibelen Guds Ords oversettelse.

Skriftsteder merket med 1978 er hentet fra Det Norske Bibelselskaps oversettelse av 1978.

Skriftsteder merket med 2012 er hentet fra Det Norske Bibelselskaps oversettelse av 2012.

En del skriftsteder er direkte oversatt fra engelske oversettelser. Det gjelder f.eks. skriftsteder som er merket The Message, KJV eller NIV.

Som epler av gull i skåler av sølv er et ord talt i rette tid.

Ordspråkene 25,11

Til Ellie

Innhold

Introduksjon

Gud skapte alle mennesker individuelt, og han ga hver og en individuelle gaver og individuelle talenter, som vi skal bruke i tjeneste for ham. Men det virker som om mange kristne bare spaserer gjennom livet mens de produserer lite eller ingen frukt for Guds rike, og de er tilfreds med å få bibelundervisning om søndagene slik tradisjonen er. De gjør liten innsats for å vinne kunnskap om den høyeste på egen hånd. Uheldigvis kan det hende at slike kristne har fått bibelundervisning, men de har ikke fått undervisning av Ånden. For at en kristen skal forstå åpenbarte sannheter, kreves det Den Hellige Ånds gjerninger på samme måten som de opprinnelige gjerningene som inspirerte til Skriftene. Men først av alt må vi ha den viktigste ingrediensen, som er et dypt ønske om å søke etter bibelsk sannhet.

Jeg har hatt en umettelig kjærlighet og hunger etter Guds ord i mer enn et halvt århundre. Fra begynnelsen av den kristne vandringen min, ville jeg lese Bibelen om og om igjen fra perm til perm, igjen og igjen, i flere timer av gangen – jeg begjærer det mer enn den nødvendige maten. Ettersom tiårene gikk, satte jeg ned

7

farten på kvantiteten som jeg leste og valgte isteden å lese mer av kvalitet. Jeg kan ofte meditere på et vers fra Skriften, eller deler av et vers, i flere timer eller til og med dager. Det virker som om jeg har et gapende hull, et stort vakuum i mitt innerste vesen som roper ut om å bli fylt med kunnskapen om Gud Den Allmektige og om hans Sønn, Jesus. Jeg har funnet ut at kunnskap om den ene fører til kunnskap om den andre.

Gud valgte å gi meg en gave, og det er en nysgjerrig, analytisk hjerne, en hjerne som spør «hvorfor» om nesten allting. Dette har antagelig gitt meg like mange motstandere som venner.

Både kristne og ikke-kristne vil ofte etterape noe de har hørt eller er blitt fortalt uten så mye som å stille spørsmålstegn ved om det er sant. Noen mennesker, inkludert kristne, de fleste politikere, mange journalister og like mange lærere går i forsvarsposisjon når de møter spørsmålet «hvorfor» etter å ha luftet en bit informasjon. Dette skjer vanligvis fordi de ikke har svaret på spørsmålet.

Når man nærmer seg en doktrine eller et dogme, tar mange kristne ubevisst på seg skylapper som en hest, og de ser bare det som er rett foran dem og ikke hele bildet. Dermed blir bibelkunnskapen deres ofte begrenset eller skeiv.

Kristne burde alltid være klare over det faktum at det bare er Gud som er ufeilbarlig. Til og med de største, de mest begavede og de kristne teologene som har aller mest utdannelse blant oss (og de som har levd opp gjennom tidsaldrene), er og var mennesker, og derfor er de og var de feilbarlige. Ingen var eller er ubegrensede, og ingen av de monumentale teologiske verkene som mennesker har arbeidet med og etterlatt for etterkommerne, kan sies å være ufeilbarlige. Det er og vil alltid være rom for forbedringer i vår forståelse av bibelsk sannhet.

Den anerkjente oversetteren og læreren William Barclay skrev:

> Kirken er full av mennesker som tror at det ikke finnes noen annen måte å gjøre tingene på, enn deres måte. Å endre på en vanlig eller tradisjonell måte å gjøre tingene på, er verre enn kjetteri. Men de måtene å gjøre ting på som irriterer oss, kan være den måten å gjøre ting på, som bringer frelsen til en annen persons sjel.

For trettiseks år siden begynte jeg på en *ulpan* (hebraisk språkskole) for nybegynnere i Tel Aviv i Israel. Etter tre måneder med undervisning i ei gruppe hadde jeg lært tilstrekkelig hebraisk til å begynne å spørre «*lama*» (hvorfor) om visse ting. Det svaret som jeg vanligvis fikk, var «*kahah*» (det er slik det er). For meg var dette uakseptabelt. Det måtte finnes grunner og regler, til og med på det hebraiske språket.

En spesiell dag i klassen introduserte læreren elevene for ordet אצל (*etzel*), og det virket ikke som om ordet hadde noen betydning i den konteksten der det ble brukt i den hebraiske setningen. «Jeg spiste *etzel* mor.» Vi ble opplært til å forstå at det betydde «nær» eller «ved siden av». Selvfølgelig spurte jeg læreren: «*Lama*? Hvorfor skal vi bruke dette ordet? Hva er opprinnelsen?» Siden hun allerede hadde begynt å miste tålmodigheten med meg, svarte hun med et kort og avstumpet «*kahah* Ramon». Det var omtrent på denne tiden som jeg forsto at de fleste hebraiske lærerne kunne undervise i språket,

9

de kjente de grammatiske reglene osv., men de kunne bare grunnleggende hebraisk etymologi. Og ingen innfødt hebraisktalende person som jeg møtte de påfølgende dagene, kunne heller forklare ordet *etzel* for meg.

På den tiden studerte jeg Første Mosebok da jeg var alene med Herren, og jeg anstrengte meg for å lære hebraisk ved å gjøre en sammenligning av alle vers mellom den engelske oversettelsen og den originale hebraiske teksten. Jeg leste avsnittet i Første Mosebok om de to englene som kom til Sodoma og som fikk overnatte hjemme hos Lot. De fleste kristne lesere vet hvordan denne historien utfolder seg: en skare med sodomitter – mannlige homoseksuelle – krever av Lot at han gir dem englene slik at de kan ha sex med dem. Som svar på dette, sier Lot:

*Se, jeg har to døtre som aldri har hatt samliv med noen mann. La meg føre dem ut til dere, **så kan dere gjøre med dem som dere vil. Men gjør bare ikke noe med disse mennene**, siden de nå er kommet inn **i skyggen av mitt tak.***

(1 Mos 19,8 BGO.)

Da jeg leste verset på hebraisk, var det som om lynet slo ned i rommet. På hebraisk står det:

הִנֵּה-נָא לִי שְׁתֵּי בָנוֹת, אֲשֶׁר לֹא-יָדְעוּ אִישׁ--אוֹצִיאָה-נָּא אֶתְהֶן אֲלֵיכֶם, וַעֲשׂוּ לָהֶן כַּטּוֹב בְּעֵינֵיכֶם; רַק לָאֲנָשִׁים הָאֵל, אַל-תַּעֲשׂוּ דָבָר, כִּי-עַל-כֵּן בָּאוּ, בְּצֵל קֹרָתִי

Plutselig kjente jeg opprinnelsen til ordet *etzel* og ordets sanne betydning.

Hebraisk leses fra høyre mot venstre, og det nest siste ordet i den hebraiske teksten ovenfor er בְּצֵל (*b'tzel*), som bokstavelig blir oversatt som «i skyggen». Derfor var den opprinnelige betydningen av אֵצֶל (*etzel*) noe

10

mye mer enn «nær» eller «ved siden av». I gamle dager ville «jeg spiste *etzel* mor» på hebraisk bokstavelig ha betydd «jeg spiste i skyggen av min mor». En mer nøyaktig oversettelse ville bli: «Jeg spiste under min mors beskyttelse», som er noe helt annet enn dagens moderne betydning av dette ordet.

I fortellingen fra Første Mosebok viser Lot oss styrken i ordets opprinnelige betydning, og dette burde påvirke hver og en av oss på dypet i forholdet vårt til vår himmelske Far.

Lot var rede til å la de to ugifte døtrene sine bli seksuelt misbrukt og voldtatt av en homoseksuell mobb istedenfor at gjestene hans, som var i huset hans, under hans beskyttelse, ville bli overlevert til sodomittene. Det bibelske ordet אצל (*etzel*) betyr bokstavelig at de som inviterer andre inn i hjemmene sine av en eller annen grunn, hadde det **totale ansvaret for de som de tok hånd om** og var forpliktet til å gjøre alt i sin makt for å beskytte de som var under taket sitt, uansett hva det ville koste dem personlig. Dette burde være en enorm oppmuntring for alle sanne troende, for:

*Den som sitter i Den Høyestes ly, som **bor i Den Allmektiges skygge**.*

(Salme 91,1.)

Noe som betyr at når en person tar imot Jesus og blir født på nytt, blir den personen et Guds barn og kommer under hans omsorg og beskyttelse. Gud, som aldri forandrer seg (Malaki 3,6) – hos ham er det ingen forandring eller skiftende skygge (Jakob 1,17) – tar over det absolutte ansvaret for det nye barnet sitt. Dette må da kunne fordrive all frykt og alle bekymringer som gjenfødte troende på Jesus kan ha om framtiden.

11

Oppdagelsen av den sanne betydningen av ordet אצל (*etzel*) ga meg en ny drivkraft for å studere den levende Guds ord på hebraisk hver dag på en mer intens måte. I løpet av årene har mange sannheter begynt å åpne seg opp for meg ved Den Hellige Ånd.

Tre måneder etter min første oppdagelse fra den hebraiske Bibelen, flyttet jeg til Jerusalem. Der begynte jeg på en annen *ulpan*. Men det uunngåelige *kahah* som kom på mitt *lama*, førte til at jeg ble så desillusjonert med undervisningen at jeg avsluttet studiene i muntlig hebraisk og i stedet startet et firma som produserte spesialbygde møbler og skap.

Omtrent fem år senere ble jeg introdusert for den 86 år gamle Dola Ben-Yehuda Whitman, som var Eliezer Ben-Yehudas yngste datter og som på den tiden var en av kun to gjenværende barn fra familien. (Eliezer Ben-Yehuda var den mannen som Gud brukte for å gjenopprette hebraisk som det daglige språket som man nå snakker i Israel. Ben-Yehuda tillot ikke at noen av de ni barna hans fikk leke med andre barn eller at de skulle høre andre «skitne språk», som han kalte alle andre tungemål. Ingen gjester fikk noensinne komme inn i Ben-Yehudas hjem hvis de ikke først sverget på at de bare måtte snakke hebraisk, og ellers ble de kastet ut.) Etter en kort samtale med Dola, tilbød hun seg å bli min private hebraisklærer.

Jeg var begeistret. Dola kunne hvert eneste ord på det hebraiske språket. Hun hadde fullført sin fars berømte hebraiske ordbok i sytten bind, og jeg fikk snart vite at det ikke fantes noe *lama* som Dola ikke kunne gi et umiddelbart svar på. Vi ble mye mer enn elev og lærer. Vi var venner som besøkte hverandre lenge etter at studiedagene var over. Dola ga meg det siste eksemplaret av den berømte boka hennes, *The Tongue of the Prophets*, som er den medrivende, utrolige historien om Ben-Yehudas familie og gjenopprettelsen av det hebraiske språket. Inne i boka skrev Dola på hebraisk: «Til Ramon, min fremragende elev fra New Zealand.» Det er ei bok som jeg alltid vil sette pris på.

I begynnelsen av denne introduksjonen skrev jeg at mennesker ofte etteraper noe de er blitt lært eller fortalt uten å stille spørsmålstegn ved om det er sant. Uheldigvis er det slik at mange kristne er blant de verste forbryterne. Mange kristne holder fast ved doktriner eller lærer som de ikke forstår. De kan verken forklare dem for seg selv på egen hånd eller for andre offentlig. En kristen burde forstå hva han eller hun tror på og hvorfor. Kristne burde også forstå at det er legitimt og nødvendig å stille spørsmålstegn ved sin egen tro for å kunne forstå det de faktisk tror på. Oswald Chambers sa det på en veldig konsis måte i andaktsboka *Still Higher For His Highest* da han skrev at «**vi må passe oss for forbudet om at det siste ordet er sagt om dagens meninger**». Jeg vil tilføye: «Når et menneske har bestemt seg angående en bestemt doktrine eller tro, vil han aldri få mer lys over det.»

Noen kristne vil ikke engang tenke på å lese kommentarer til Bibelen siden de holder fast ved en feilslått tolkning av Johannes 16,13, der det står at sannhetens Ånd vil undervise dem. For femti år siden reiste jeg på den veien, men jeg lærte meg at Gud bruker andre hjerner enn vår egen for å opplære oss. I dag har jeg mange kommentarer og bøker med henvisninger. Jeg er meget interessert i det andre har lært fra sine studier. Et mektig sitat fra John Wooden sier det slik: **«Det er det du lærer etter at du vet alt, som spiller en rolle.»** Den juvelen gjelder også for folk som studerer Bibelen.

Når en person skal spise et fiskemåltid, ville han ha vært en dåre hvis han kaster bort fisken fordi det er bein i den. En vis person vil spise selve fisken forsiktig mens han legger beina på siden av tallerkenen. Og det er slik som lærevillige kristne burde tenke angående kommentarer, henvisninger og andre kristne bøker, inkludert denne.

På disse korte sidene presenterer jeg noen korreksjoner som jeg tror er nødvendige for noen populære kristne læresetninger. Det har sneket seg inn feiltagelser både blant protestantiske og katolske kirker gjennom unøyaktige oversettelser eller misforståelser angående den hebraiske eller greske teksten. Vi har også problemer med tradisjonen, som i tillegg til fordommer, er de to tingene som er mektigere enn alle fakta. Det er alltid lettere å lære opp en ny kristen enn å omprogrammere en gammel kristen. Noen tradisjoner er gode og burde bevares til uminnelige tider, men noen burde begraves og aldri graves opp igjen.

Jeg omtaler også noen få populære misforståelser som mange kristne tror på fordi tradisjonen alltid har hevdet dette, og jeg har tatt med noen sider om velkjente skriftsteder som få forstår.

Disse korte studiene blir presentert sammen med en bønn om at leseren, den gjennomsnittlige bibelleseren, ikke bare skal bli oppbygd, men også oppmuntret til å *søke i Skriftene* for å se om det virkelig er slik (Apostlenes gjerninger 17,11). Spis fisken og legg beina på siden av tallerkenen, og husk mer av det som William Barclay skrev:

Det er et paradoks at hvis en mann ikke er forberedt på å ta risikoen å være en heretiker, har han liten mulighet til å nå fram til sannheten.

I denne lille boka skal jeg røre ved noen enkle avsnitt som ikke er kontroversielle. Men noen lesere vil sikkert betrakte ett eller to kapitler som meget kontroversielle på grunn av den tradisjonelle undervisningen. Du bør ikke være for rask med å merke den som har et annerledes syn på en spesiell kristen læresetning, som heretiker. Definisjonen på vranglære er «**en mening eller tro i strid med det som generelt blir undervist**». Enhver person har selvfølgelig rett til å utfordre det som tradisjonelt er blitt undervist, hvis han kan bekrefte det med skriftsteder som han ikke har tatt ut av sin sammenheng. De som kjenner til bøkene mine, vet at jeg ikke forsøker å være mennesker til lags, og jeg lever ikke i frykt for andre menneskers reaksjoner. Jeg forsøker bare å behage ham som ga livet sitt slik at jeg skulle få leve.

Mange kristne er blitt *sløve til å høre, og de trenger til melk, ikke fast føde* (Hebreerne 5,11.12). Noe av det som jeg presenterer på disse sidene, er sann *fast føde*. De som er vant med *melk*, kan få problemer med fordøyelsen.

Jeg ber om at du må overveie i bønn alt det jeg har skrevet. Hvis du føler at noen av dine læresetninger trenger å justeres eller revurderes etter å ha lest det, kan du rette på det. Spis fisken og legg beina på siden av tallerkenen!

15

Lesere kan gi lyd fra seg på e-post til følgende adresse: *<ramon@shekinahbooks.com>*.

I Ånden på Herrens dag

Jeg tror helt og fast at en feil som finnes i kirkens undervisning, er at Johannes' visjon på Patmos – der han var blitt landsforvist fordi han hadde forkynt Kristus og Guds ord – fant sted på en søndag, den kristne hviledagen:

*Det var **søndag**, og jeg var i Ånden mens jeg ba. Jeg hørte en høy stemme bak meg, som var gjennomtrengende og klar som en trumpet.*

(Åpenbaringen 1,10, The Message.)

De aller fleste oversettelser gjengir verset slik:

Jeg var bortrykket i Ånden på Herrens dag. Og jeg hørte bak meg en veldig røst, likesom av en basun, som sa.

(Åpenbaringen 1,10.)

Åpenbaringen 1,10 er det eneste tilfellet der uttrykket «*Herrens dag*» dukker opp i Bibelen. Noen kristne i kirkens første århundrer mente at Herrens dag var langfredag, men i løpet av årene konsoliderte kirken troen på at søndagen, den første dagen i uka, skulle være innviet til Herren, og søndagen ble anerkjent og omtalt som «Herrens dag».

17

Det at søndagen blir omtalt som «Herrens dag», er bare en av flere villedende tradisjoner som er stikk i strid med bibelsk sannhet. Denne tradisjonen blir tvunget og forsterket for millioner av kristne gjennom bibeloversettelser som inneholder tradisjonelle oppfatninger, oversetteres dogmer og doktriner istedenfor bibelske fakta. Den oversettelsen som jeg har sitert fra Åpenbaringen 1,10, kalles for *The Message*. Dette er en populær engelsk bibeloversettelse, og det er et eksempel på at tradisjoner overstyrer fakta.

Det at denne visjonen fant sted på en søndag, er overhodet ikke det som Johannes ville formidle. Denne feilaktige undervisningen har gitt kristne opp gjennom tidene en falsk forståelse for både søndagen og Åpenbaringsboka.

Johannes' åpenbaring er også kjent under sitt greske navn, Apokalypsen, som er en selvfølgelig tittel for alle som har studert denne boka. Denne tittelen er mer passende når man tenker på dages forståelse av ordet apokalypse.

På gresk er det første ordet i Åpenbaringsboka Αποκαλυψις – *apokalypsis*, og herfra får vi det norske ordet apokalypse. Apokalypsis betyr «å avdekke noe som er skjult», og dermed har vi kommet fram til den norske tittelen, *Åpenbaringen*.

Samtidig som tittelen «Apokalypse» er en sterk indikasjon for leseren om at bokas emne er om dommedag og katastrofer – noe som den hovedsakelig handler om – styrer tittelen *Åpenbaringen* oss bort fra de kataklysmiske spørsmålene og fører til at mange moderne kristne er fikserte på Kristi brev til de sju kirkene som vi finner i kapittel 1 til kapittel 3: *Efesus, Smyrna, Pergamum, Tyatira, Sardes, Filadelfia* og *Laodikea*.

Ved dette tidspunktet bør vi være klar over at *Åpenbaringsboka* ikke handler om Johannes' åpenbaring av Kristus. Det er Kristi åpenbaring om det som snart må skje:

*Jesu Kristi åpenbaring, **som Gud gav ham [Jesus] for at han skulle vise sine tjenere** det som snart skal skje.*

(Åpenbaringen 1,1.)

Det er Den Allmektige Gud som åpenbarer for oss, gjennom sin Sønn, de begivenhetene som må skje i framtiden.

«*Jeg var*» (gresk: ἐγενόμην – *egenomen*) betyr: «*Jeg kom til å være*», og minst en fremragende oversetter har oversatt det slik:

Jeg kom til å være i Ånden på Herrens dag, og jeg hørte bak meg en sterk røst, som av en trumpet.

(Åpenbaringen 1,10, En bokstavelig oversettelse av Bibelen av Jay P. Green sr.)

Men jeg har kun funnet en oversettelse som har klart å oppfatte den sanne intensjonen og meningen med Åpenbaringen 1,10, og det er R.F. Weymouths *The New Testament in Modern Speech*, som først ble publisert i 1903. Weymouth oversatte verset på en fremragende måte:

I Ånden fant jeg meg selv nærværende på Herrens dag, og jeg hørte bak meg en sterk røst som lignet på støtet i en trompet.

(Åpenbaringen 1,10, Weymouth.)

Weymouth forsto Johannes' intensjoner og gjenga det på en tilsvarende måte. Jay P. Green sr. hadde også antagelig forstått det, men han gjenga det ikke så

19

levende som Weymouth gjorde det. Den Herrens dag som Johannes snakker om, er ingen annen enn den store og fryktelige Herrens dag der alle nasjoner og folk skal dømmes og ødelegges, bortsett fra de som i sannhet er født på nytt og som har holdt seg til Jesus i tykt og tynt, gjennom mange prøvelser og trengsler. Jesus selv sier:

Fordi du har tatt vare på mitt ord om tålmodighet, vil jeg fri deg fra **den prøvelsens time som skal komme over hele verden**, *for å prøve dem som bor på jorden.*

(Åpenbaringen 3,10.)

Herrens dag er den fryktelige dagen for Guds hevn:

Solen skal bli forvandlet til mørke og månen til blod, før **Herrens dag** *kommer, den store og herlige.*

(Apostlenes gjerninger 2,20.)

Kjære Herre!

Hjelp oss til å være rede i sinn og i ånd for den store og herlige Herrens dag kommer! Hjelp oss med å holde dine bud hver dag i denne syke tidsalderen som vi lever i. Hjelp oss til å overgi livene våre helt til deg, og må du dømme oss til å være verdige til å bli bevart «*fra den prøvelsens time som skal komme over hele verden*». Amen!

Jeg elendige menneske

Vi burde være klar over at det finnes over fire tusen fragmenter og deler av kodekser som Det nye testamente består av. Det finnes ingen kodeks som er bevart i sin helhet, og det finnes få manuskripter av nesten et helt evangelium eller et brev. I tillegg til disse problemene, har vi det faktum at blant de fire tusen bitene av nytestamentlig materiale, finnes det ikke to identiske biter, noe som åpenbart betyr at det er en monumental oppgave å «sette sammen» og oversette en nøyaktig nytestamentlig tekst.

Det er spesielt en tekst i Romerbrevet som jeg vil rette oppmerksomheten mot. Det er en som vil gjøre det lettere for mange lesere og la ham eller henne leve i Kristus i fred. Det er et helt avsnitt som er verdt å granskes, og det er:

Jeg skjønner ikke det jeg gjør. **For det jeg vil, det gjør jeg ikke. Men det jeg hater, det gjør jeg.** *Men gjør jeg det jeg ikke vil, da gir jeg jo loven medhold i at den er god. Så er det ikke lenger jeg som gjør det, men synden som bor i meg. For jeg vet at i meg, det er i mitt kjød, bor intet godt. For viljen har jeg, men å gjøre det gode, makter jeg ikke.* **Det gode som jeg vil, gjør jeg ikke.**

21

Men det onde som jeg ikke vil, det gjør jeg. Men gjør jeg det jeg ikke vil, da er det ikke lenger jeg som gjør det, men synden som bor i meg.

Jeg finner altså den lov for meg, jeg som vil gjøre det gode, at det onde ligger meg for hånden. For etter mitt indre menneske slutter jeg meg med glede til Guds lov. Men i mine lemmer seg jeg en annen lov, som strider mot loven i mitt sinn, og som tar meg til fange under syndens lov, som er i mine lemmer. Jeg elendige menneske! **Hvem skal fri meg fra dette dødens legeme? Gud være takk, ved Jesus Kristus, vår Herre!**

Jeg, som jeg er, tjener da Guds lov med mitt sinn, men syndens lov med mitt kjød.

Så er det da ingen fordømmelse for dem som er i Kristus Jesus. *For livets Ånds lov har i Kristus Jesus frigjort meg fra syndens og dødens lov.*

(Romerne 7,15-8,2.)

Det greske ordet som brukes for «*hvem*» i det andre avsnittet i teksten ovenfor, er τίς (*tis*), et spørrepronomen som blir brukt fem hundre og tjuetre ganger i Det nye testamentet og som betyr «hvem», «hva», «hvilket», «hvorfor» og «hvorpå», men godt over halvparten av gangene betyr det «hva». Derfor gir det ikke noe svar på Paulus' dilemma når man sier: «*Hvem skal fri meg fra dette dødens legeme? Gud være takk, ved Jesus Kristus, vår Herre!*» Jeg skal komme tilbake til dette skriftstedet om et øyeblikk, men først skal vi ta et blikk på et annet avsnitt i Romerbrevet der sammenhengen rundt «*hvem*» er mye klarere:

Hvem kan skille oss fra Kristi kjærlighet? **Trengsel eller angst eller forfølgelse eller sult eller nakenhet eller fare eller sverd?** *... Men i alt dette vinner vi mer enn*

22

seier ved ham som elsket oss. For jeg er viss på at **verken død eller liv, verken engler eller krefter, verken det som nå er eller det som komme skal, eller noen makt, verken høyde eller dybde eller noen annen skapning** *skal kunne skille oss fra Guds kjærlighet i Kristus Jesus, vår Herre.*

(Romerne 8,35.37-39.)

«Hvem» i avsnittet ovenfor henviser til «**alt dette**», og det er umulig å forestille seg at «**alt dette**» kan omtales som «**hvem**», så vi burde åpenbart se på skriftstedet på denne måten:

Hva kan skille oss fra Kristi kjærlighet? Trengsel eller angst eller forfølgelse eller sult eller nakenhet eller fare eller sverd?

Paulus' svar er at ingen av disse tingene kan gjøre det. Derfor kommer vi tilbake til det greske ordet τίς (*tis*), som betyr «hva» og «hvorfor» i likhet med «hvem», og sammenhengen her er i stor grad «*hva*», for det henviser til ting.

Nå går vi tilbake til Romerne 7,24: *Hvem skal fri meg fra dette dødens legeme? Gud være takk, ved Jesus Kristus, vår Herre!* Vi må først endre «*hvem*» og erstatte det med «*hva*», som i: *Hva skal fri meg fra dette dødens legeme?* Og så oppdager vi at det må være et ord som mangler for at vi skal forstå skriftstedet. Det ordet som mangler, må være et frittstående ord, for det kommer mellom «*legeme*» og «*Gud være takk*», mellom en fullbyrdet setning og begynnelsen på en ny setning. Det finnes bare ett mulig ord som kan passe her, og det er et ettertrykkelig *nåde*. Derfor burde Romerne 7,24 være som følger: *Hva skal fri meg fra dette dødens legeme? Nåde! Gud være takk, ved Jesus Kristus, vår*

23

Herre! Nå gir avsnittet en mening, og Paulus' ord om at han føler seg elendig, blir krystallklart, for *der synden ble stor, ble* **nåden** *enda større* (Romerne 5,20).

Ordet «nåde» brukes ett hundre og nitten ganger i Det nye testamente, og Johannes' evangelium har oppfattet den sanne essensen i nåden:

For **loven ble gitt ved Moses, nåden og sannheten kom ved Jesus Kristus**.

(Johannes 1,17.)

Paulus skrev mye om nåde i brevet til romerne – tjuefire ganger. Romerbrevet er det fullkomne *Guds nådes evangelium* (Apostlenes gjerninger 20,24) i et nøtte-skall. Paulus snakker om Moseloven, som er *syndens og dødens lov* – **den som synder, han skal dø** (Esekiel 18,4), men han argumenterer med at syndens og dødens lov er overprøvd av nådens lov.

Men loven kom til for at fallet skulle bli stort. Men der **synden ble stor, ble nåden enda større***! Og likesom synden hersket ved døden, så skal også* **nåden herske ved rettferdighet** *til evig liv ved Jesus Kristus, vår Herre.*

(Romerne 5,20-21.)

I sitt brev til romerne avslører Paulus det som ligger på hjertet hans, og han forteller oss at det gode som han vil gjøre, det gjør han ikke, og at de dårlige tingene som han ikke vil gjøre, er det som han faktisk gjør. Og det er en «*elendig*» situasjon, og da gir han svaret:

Hva *skal fri meg fra dette dødens legeme? Nåde! Gud være takk, ved Jesus Kristus, vår Herre!*

(Romerne 7,25.)

Jeg nevnte at Det nye testamente er blitt sammensatt av over fire tusen fragmenter av kodekser. Den beste og

24

mest komplette kodeksen av Romerbrevet som eksisterer, er Codex Sinaiticus, som er datert til rundt det fjerde århundre, og den er bevart i Vatikanets bibliotek. I marginen, ved siden av Romerne 7,24, har en redaktør skrevet «χάρις» (*charis*), som betyr «nåde», «favør», «takknemlighet». Redaktøren i det fjerde århundre hadde plukket opp det faktum at kopisten hadde unnlatt ordet, og han skrev det selv i marginen som et utelatt ord. Kan grunnen til at protestantiske nytestamenter ikke har inkludert dette ordet være på grunn av tradisjonen, den latterlige motforestillingen mot alt som er romersk-katolsk?

Uansett hva grunnen er, var det *nåde* som ville sette Paulus fri fra dødens legeme, og det er *nåde* om vil sette oss alle fri fra våre dødens legemer. Den siste linjen i det tredje verset i John Newtons berømte salme *Amazing Grace* sier dette:

Det er **nåde** som brakte meg trygt så langt, og **nåden** vil føre meg hjem.

Kjære Herre!

Hjelp oss med å forstå at frelsen og det evige livet ene og alene kommer ved Guds nåde. Vi kan ikke fortjene vår forløsning ved noen annen gjerning enn omvendelse til Gud og en fast tro på Herren Jesus Kristus. En fast tro på at Jesus er *Guds Sønn* (Lukas 1,35), som kom for å ofre livet sitt som *Guds Lam, som bærer verdens synd* (Johannes 1,29). Hjelp oss med å innse at når vi snubler i vår intime vandring med *verdens lys* (Johannes 8,12), og føler oss elendige etterpå, vil den nåden klare å utfri oss fra *dødens legeme*, og det vil være *nåden* som vil lede oss hjem inn i armene til ham som vil *tørke bort hver tåre fra deres øyne* (Åpenbaringen 21,4). Amen!

25

Et folk med urene lepper

I løpet av de siste femti årene har jeg hørt et antall forklaringer på profeten Jesajas ord: «Ve meg! Jeg er fortapt, for jeg er en mann med urene lepper, og jeg bor midt iblant et folk med urene lepper.» (Jesaja 6,5.) Men jeg tror ikke at noen av disse forklaringene har kommet i nærheten av den sanne betydningen. Her har vi hele avsnittet som inneholder Jesajas ord og som gir oss en indikasjon på hvorfor han sa det:

I det året da **kong Ussia** *døde, så jeg Herren sitte på en høy, opphøyet trone, og slepet av hans kåpe fylte templet. Serafer stod omkring ham. Seks vinger hadde hver. Med to dekket han ansiktet, med to dekket han føttene, og med to fløy han. Og den ene ropte til den andre og sa: Hellig, hellig, hellig er Herren, hærskarenes Gud! All jorden er full av hans herlighet. Dørpostenes fester bevet ved røsten av dem som ropte, og huset ble fylt med røk. Da sa jeg: Ve meg! Jeg er fortapt, for* **jeg er en mann med urene lepper, og jeg bor midt iblant et folk med urene lepper***. Og mine øyne har sett kongen, Herren, hærskarenes Gud. Da fløy en av serafene bort til meg. Han hadde en gloende stein i* *hånden. Med en tang hadde han tatt den fra alteret. Og han rørte ved min munn med den og sa: Se, denne har rørt ved dine lepper, din misgjerning er tatt bort, og din synd er sonet.*

(Jesaja 6,1-7.)

«I det året da kong Ussia døde.» Siden Jesaja begynte med disse ordene, forteller det oss at de er viktige og at de spiller en rolle for det som følger. Jesajas første ord gir oss den første ledetråden – nøkkelen til å åpne opp betydningen av det Jesaja ville overbringe til leserne.

Kong Ussia var en god konge som bygde opp Israels styrker til de ble en skremmende hær med menn og maskiner. Men Gud Den Allmektige gjorde ham til en spedalsk fordi han gjorde det han ikke hadde autoritet til å gjøre:

Men da han var blitt mektig, ble han overmodig i sitt hjerte, til hans egen undergang. Han ble ulydig mot Herren sin Gud og gikk inn i Herrens helligdom for å brenne røkelse på røkofferalteret. Presten Asarja gikk inn etter ham, og med ham åtti av Herrens prester, modige menn. De trådte fram mot kong Ussia og sa til ham: Det tilkommer ikke deg, Ussia, å brenne røkelse for Herren, men bare prestene, Arons sønner, de som er viet til det. Gå ut av helligdommen! For du har vært ulydig, og det blir deg ikke til ære for Gud Herren.

*Da ble Ussia vred. Han holdt et røkelseskar i hånden og ville nettopp til å brenne røkelse. Men da hans vrede brøt løs mot prestene, brøt det ut spedalskhet i hans panne, mens han stod der foran prestene i Herrens hus ved røkoffer-alteret. Da ypperstepresten Asarja og alle prestene vendte seg mot ham, så de at **han var spedalsk** på pannen. Da drev de ham raskt bort derfra, og selv*

28

skyndte han seg også å komme ut, for Herren hadde slått ham. Siden var kong Ussia **spedalsk til sin dødsdag***. Han bodde i* **et hus for seg selv som spedalsk***, for han var* **utelukket** *fra Herrens hus.*

(Andre Krønikebok 26,16-21.)

Etter den innledende uttalelsen om Ussia, fortsetter Jesaja med å beskrive synet av Gud Den Allmektige, som sitter på sin trone med et slep av sin kåpe som fyller hele templet. Serafer med seks vinger fløy rundt omkring i templet, og de dekket ansiktene med to av vingene for at de ikke skulle se på den fantastiske majesteten som var Gud Den Allmektige. Mens de fløy, ropte serafene lydhørt til hverandre: «*Hellig, hellig, hellig er Herren, hærskarenes Gud! All jorden er full av hans herlighet.*»

Jesaja blir fylt av ærefrykt. Han rygger tilbake til døren til templet, men selve dørpostene skjelver ved lyden av ham som satt på tronen, og templet blir fylt av røyk, som er en sky av Gud Den Allmektiges herlighet. Profeten utbryter: «*Ve meg! Jeg er fortapt [ruinert], for* **jeg er en mann med urene lepper, og jeg bor midt iblant et folk med urene lepper***. Og mine øyne har sett kongen, Herren, hærskarenes Gud.*»

Jesaja var en meget hellig mann, men allikevel betraktet han seg selv som spedalsk. Dette var i sammenligning med den majesteten og helligheten som han så hos Gud Den Allmektige, for det er grunnen til Jesajas urene lepper:

Den som er blitt rammet av spedalskhet, skal gå med sønderrevne klær og med uflidd hår. Han skal **dekke til sitt skjegg og rope: Uren, uren!** *Han skal være* **uren**

29

hele den tid han har sykdommen. Uren er han, han skal **bo for seg selv***, hans bolig skal være* **utenfor leiren.**

(Tredje Mosebok 13,45-46.)

Spedalskhet var smittsomt, og spedalske bodde alene utenfor leiren, som kong Ussia gjorde. Siden han var spedalsk, bodde han i et adskilt hus, for han var utestengt fra Herrens hus. Jesaja betraktet ikke bare seg selv som spedalsk til sammenligning med Gud Den Allmektige. Han betraktet hele Israels hus som et samfunn med spedalske. Og når vi, de som er blitt forløst av Herren, vil tenke tilbake på det vi tidligere var, og deretter sammenligner vår «ikke eksisterende hellighet» med den faktiske helligheten hos Jesus, Gud Den Allmektiges Sønn, kan vi sette pris på at også vi var spedalske til sammenligning.

La oss glemme spørsmålet om spedalskhet et øyeblikk mens vi tar et raskt blikk på hvordan Israels prester gjennomgikk en seremoniell renselse og salvelse. Prestene var i en egen kategori, og de var innviet og adskilt fra folket fordi de ene og alene skulle tjene Herren.

Og du skal slakte væren og ta av blodet og stryke **på den høyre ørelapp** *på Aron og hans sønner, og på* **tommelfingeren på deres høyre hånd***, og på* **stortåen på deres høyre fot***. Resten av blodet skal du stenke rundt om på alteret. Du skal ta av blodet som er på alteret, og av* **salvings-oljen** *og stenke på Aron og på hans klær, og likeså på hans sønner og på deres klær.* **Så blir han hellig, han selv og hans klær***, og likeså hans sønner og deres klær.*

(Andre Mosebok 29,20-21.)

Og Moses tok av salvingsoljen og av blodet som var på alteret, og stenket på Aron og på hans klær og likeså på hans sønner og deres klær. Slik **helliget** *han Aron og hans klær og likeså hans sønner og hans sønners klær.*

(Tredje Mosebok 8,30.)

Og Moses sa: I sju dager skal dere ikke gå bort fra inngangen til sammenkomstens telt – helt til den **dagen da innvielsestiden** *er til ende. For sju dager skal innvielsen vare. Som det er gjort i dag, så har Herren befalt det skal gjøres også de andre dagene, for å* **gjøre soning for dere**.

(Tredje Mosebok 8,33-34.)

La oss nå vende tilbake til situasjonen med spedalskhet. Spedalske var urene alle sine dager inntil en prest undersøkte dem og erklærte at de var rene. De tidligere spedalske fikk da lov til å komme inn i Herrens folks leir og starte livet på nytt og med stor glede. Men først var det et rituale som den spedalske måtte gjennomgå for at presten kunne erklære ham for ren:

Så skal presten ta av skyldofferets blod og stryke på **den høyre ørelapp** *på den som lar seg rense, og på* **hans høyre tommelfinger** *og på* **hans høyre stortå**. *Og presten skal ta av den tilhørende log olje og helle i sin venstre hånd og så dyppe høyre pekefinger i oljen som han har i venstre hånd, og stenke av oljen med fingeren sju ganger for Herrens åsyn. Og av den oljen som er igjen i hånden, skal presten stryke noe på den* **høyre ørelapp** *på den som lar seg rense, og på* **hans høyre tommelfinger** *og på* **hans høyre stortå**, *over blodet av skyldofferet. Og det som ennå er til overs av oljen som presten har i hånden, skal han helle* **på hodet** *til den*

31

*som **lar seg rense**. Slik skal presten **gjøre soning for ham** for Herrens åsyn.*

*Så skal presten ofre skyldofferet og gjøre soning for den som lar seg rense for sin urenhet. Deretter skal han slakte brennofferet. Og presten skal ofre brennofferet og matofferet på alteret og slik **gjøre soning for ham. Da er han ren.***

(Tredje Mosebok 14,14-20.)

Som vi allerede har sagt: Før forløsningen var vi alle spedalske til sammenligning med Herren – *Vi ble **som den urene alle sammen. All vår rettferdighet ble som et urent klesplagg.** Som løvet visner vi alle sammen, og som vinden førte våre misgjerninger oss bort.* (Jesaja 64,5.)

Men spedalske kan renses på nøyaktig samme måten som prestene blir renset, helliget og salvet. Og alle sanne gjenfødte kristne utgjør *et kongerike og prester for vår Gud*. Det blodet som *Jesus vår yppersteprest* stenker på våre spedalske *høyre ørelapper, høyre tommelfingre og høyre stortær, er hans eget blod*, det sonende blodet fra Guds *enbårne Sønn*, som han ofret for oss på Golgata, og *oljen er Den Hellige Ånds salveolje*. Det blodet som stenkes på ørene, symboliserer det blodet som ble smurt på dørbjelken i Guds folks hus i Egypt, og det som stenkes på tomlene og tærne, symboliserer det som ble smurt på dørstolpene. Det er når blodet fra Jesus – Gud Den Allmektiges *påskelam* – blir smurt på våre ører, tomler og tær som vi vill unngå døden på den store og fryktelige *hevnens dag, Gud Den Allmektiges dag*.

Og det som gjaldt for Guds folk Israel, gjelder enda mer for de som er forløst, for de som har blitt renset fra

32

sine synder i blodet fra Gud Den Allmektiges offerlam (Åpenbaringen 1,5). *Dere skal være **et kongerike av prester** for meg og et **hellig folk**.* (Andre Mosebok 19,6.)

*Men dere er en utvalgt ætt, **et kongelig presteskap, et hellig folk,** et folk til eiendom, for at dere skal forkynne hans storhet, han som kalte dere fra mørket til sitt underfulle lys.*

(Første Peter 2,9.)

Alle spedalske og alle urene personer ble adskilt fra Israels folk og levde separat utenfor Herrens leir:

*Herren talte til Moses og sa: Byd Israels barn at de skal sende ut av leiren alle spedalske og alle som har utflod og alle som er blitt urene ved lik. **Både mann og kvinne skal dere sende bort. Utenfor leiren skal dere sende dem, for at de ikke skal gjøre leiren uren, der hvor jeg bor midt iblant dem.***

(Fjerde Mosebok 5,1-3.)

Burde vi ikke også være strikte i vår anvendelse av dette prinsippet i menigheten? Burde ikke de som er forløst av Herren, sende alle de moderne «*spedalske*» ut av menigheten – alle de som er «*urene*» – de som ***praktiserer*** hykleri og som blir ***urene*** ved å ***praktisere*** synd? Vi burde utvise både mannlige og kvinnelige åndelige svindlere. Vi burde sende dem ***utenfor*** menigheten, slik at de ***ikke kan gjøre menigheten uren der Jesus går midt iblant oss.*** Uheldigvis har menigheten også mer enn sin del av profesjonelle sjarlataner – korrupte ledere og medlemmer som lever godt av det tvilsomme utbyttet som de har tatt fra de naive, og fra enkene og de farløse, de som *for vinnings skyld har kastet seg ut i Bileams villfarelse* (Judas 11).

De trenger å bli utvist fra leiren, de er urene, de gjør menigheten uren. De spedalske som lever utenfor leiren (menigheten), burde ønskes velkommen med åpne armer, og man burde vise dem veien til renselse og frelse. Men de spedalske som bor i leiren (menigheten), burde utvises inntil de kommer til full omvendelse.

Herren Jesus Kristus ønsker en usmittet menighet, en plettfri, hellig menighet som er vasket rene i hans blod og i Guds ords vann:

Dere menn! Elsk deres hustruer, likesom også **Kristus elsker menigheten og gav seg selv for den,** *for å* **hellige** *den ved å* **rense** *den ved* **vannbadet** *i* **ordet***, slik at han kunne stille menigheten fram for seg* **i herlighet, uten flekk eller rynke eller noe slikt, men at den kunne være hellig og ulastelig.**

(Efeserne 5,25-27.)

Vi er et **kongerike av prester** for vår Gud. Prestene var og er fortsatt en adskilt klasse, og forholdet til Gud gjenspeiler seg i adskillelse. En sann kristen føler seg ikke noe mer hjemme her i verden enn patriarken Abraham gjorde da han reiste ut fra Ur i Kaldea på vei mot Kanaans land. Hvis han snakket språket, så snakket han det med en aksent – han ble kalt for hebreeren Abraham (Første Mosebok 14,13) – alle visste at han ikke var en av dem. Et personlig forhold til Gud i Det gamle testamente viste seg i adskillelse, og dette symboliseres av Abrahams adskillelse fra landet og folket sitt. Abrahams tro adskilte ham fra de som bodde rundt omkring ham. Vårt kall som prester for vår Gud burde både på en naturlig og en åndelig måte adskille oss fra verden. Akkurat som Abraham ikke hadde noen arv i Kanaans land, har vi ingen arv i denne jordiske verden. Vår arv er guddommelig – *Gud Den Allmektige er vår arv, han er vår eiendom.*

*Deres arvedel skal være den at **jeg er deres arv**. Noen eiendom skal dere ikke gi dem i Israel. **Jeg er deres eiendom.***

(Esekiel 44,28.)

Som prester i Guds rike, er Gud selv vår **arv**. Han er vår **eiendom**. Våre lepper er blitt renset av kull som er hentet fra alteret, og vår **misgjerning** er tatt bort, og vår synd sonet med Jesu Kristi sonende blod. Vi er ikke lenger spedalske og et folk med urene lepper. Vi er nå **et kongerike av prester**.

Det er ikke mulig å fullt ut forstå Det nye testamente uten å først forstå Det gamle testamente. Det nye er skjult i Det gamle, og Det gamle er åpenbart i Det nye.

Kjære Herre!

Hjelp oss med å forstå at alt det vi kan finne i Det nye testamente, kan spores tilbake til Det gamle testamente. Hjelp oss med å ikke bare akseptere det vi har hørt eller lest, men å **granske Skriftene hver dag** *for å se om det er slik* (Apostlenes gjerninger 17,11). Hjelp oss med å **studere** *for å framstille oss for Gud som en som holder prøve, arbeidere som ikke har noe å skamme seg over, som på rett måte utdeler sannhetens ord* (Andre Timoteus 2,15). Hjelp oss med å forstå hva det betyr å være en prest i Guds rike og at du faktisk er vår *arv*, at du er vår *eiendom*. La oss få søke å kjenne deg bedre. Gjør oss sultne og tørste etter kunnskap om deg. Amen!

35

Velsignelse og forbannelse

Jeg har omtalt dette spørsmålet i en annen bok. Men det er et veldig viktig emne for den kristne debatten, for det gir oss en nøkkel til hvorfor mange personer ikke går fram i sin åndelige vandring med Jesus. I Første Mosebok 12,1-3 finnes det et avsnitt som for det meste siteres av kristne som en henvisning til det kristne samfunnet i hele verden. Men dette skriftstedet er bokstavelig talt rettet mot patriarken Abraham og de fysiske etterkommerne hans gjennom sønnen Isak, nemlig jødene. Det finnes stor misforståelse om dette avsnittet, og den misforståelsen vil forbli hos oss så lenge som oversetterne av viktige engelske bibeloversettelser velger å følge den «tradisjonelle» gjengivelsen istedenfor å ta et skritt utenfor den kristne komfortable sonen og bli trofaste ved å gi en nøyaktig oversettelse av teksten.

De fleste, men ikke alle engelske oversettelser gjengir avsnittet på samme måte som i Norsk Bibels oversettelse nedenfor. Den delen jeg stiller spørsmålstegn ved, er uthevet og sitert i sin sammenheng sammen med de to foregående versene.

37

*Og Herren sa til Abram. Dra bort fra ditt land og fra din slekt og fra din fars hus til det landet som jeg vil vise deg! Jeg vil gjøre deg til et stort folk. Jeg vil velsigne deg og gjøre ditt navn stort, og du skal bli en velsignelse. **Jeg vil velsigne dem som velsigner deg, og den som forbanner deg, vil jeg forbanne.** Og i deg skal alle jordens slekter velsignes.*

(Første Mosebok 12,1-3.)

Gud Den Allmektige sier til Abram, bestefaren til Jakob, som senere fikk navnet Israel, at de ville bli et «*stort folk*». I dag kan den nasjonen være Israel, som har en befolkning på rundt åtte millioner og som er en verdensleder på mange områder. Det kan også være en henvisning til *Guds Israel* (Galaterne 6,16), som har flere hundre millioner statsborgere, og alle frykter Gud, i likhet med Abraham.

Men Herren fortsetter med å si at han vil gjøre Abrahams navn «*stort, og **du skal bli en velsignelse** ... Og i deg **skal alle jordens slekter velsignes**.*» Dette løftet vil gjelde like mye for både det fysiske Israel og *Guds Israel.*

Abraham er kjent som troens far, for han *trodde Gud, og det ble regnet ham til rettferdighet* (Galaterne 3,6), og Gud kalte ham for «*min venn*» (Jesaja 41,8). Og alle de som har tro, *de er Abrahams **barn**»* (Galaterne 3,7), og Jesus sier at de er «***mine venner***» (Johannes 15,14).

Men Guds løfter til Abraham skulle komme gjennom Abrahams sønn, Isak, *løftets barn* (Galaterne 4,28), og det var han som Gud talte om da han sa at han ville *opprette min pakt med ham, en evig pakt for hans ætt etter ham* (Første Mosebok 17,19). Abrahams direkte fysiske etterkommere gjennom Isak er det jødiske folket.

Jeg trenger ikke å bruke mye tid på å forklare det jødiske folkets storhet, og heller ikke på det aspektet av velsignelsen som de har vært for alle jordas nasjoner. De er et unikt og vidunderlig folk – kreative og talentfulle, med en pasjon for livet og for kultur. Det bidraget som jødene har gitt verden, er enormt. De utgjør kun en liten bit av en prosent av verdens befolkning, men allikevel har de produsert mer enn ti prosent av verdens nobelprisvinnere.

Jødenes genialitet på områder som vitenskap, medisin og kunst er legendarisk. Og gjennom det jødiske folket kom Bibelen og Jesus, *Guds Lam, som bærer verdens synd* (Johannes 1,29). Vi vet selvfølgelig at Jesus var og er *Guds Sønn*, men Jesus kom inn i denne verden som jøde, og han levde som en jøde, og dette er Skriftens faste ord: ***Jesus Kristus er i går og i dag den samme, ja til evig tid*** (Hebreerne 13,8), og ***frelsen kommer fra jødene*** (Johannes 4,22).

Derfor både var og er Jesus en jøde. Hvis vi bare fokuserer på Jesus, og legger til side alt annet som det jødiske folket har bidratt med til verden, får vi vite at hedningene (ikke-jødene) var:

Fremmede for paktene med deres løfte. ***Dere var uten håp og uten Gud*** *i verden.*

(Efeserne 2,12.)

Uten jødene ville det ikke finnes noen Jesus, og uten Jesus ville det ikke være noe **håp**, noen **frelse** og ingen kjærlighetens **Gud** for ikke-jødene. Hedningene har stor gjeld til det jødiske folket.

Hvis vi går tilbake til det første avsnittet i Første Mosebok 12,1-3, skal jeg nå isolere den delen der den tidligere misforståelsen ligger, og i parentes skal jeg plassere de hebraiske ordene som er brukt (hebraisk leses fra høyre mot venstre):

Jeg vil velsigne (ברוך) *dem som velsigner* (ברוך) *deg, og den som forbanner* (קלל) *deg, vil jeg forbanne* (ארר).

(Første Mosebok 12,3.)

Både velsignelsen og forbannelsen er avhengig av en persons holdninger mot Abraham og de fysiske etterkommerne hans gjennom hans sønn, Isak, og det er jødene. Det man gjør mot dem, er det samme som om du gjør det mot Herren, og dermed finner vi Guds ord som er skrevet angående det jødiske folket: *For den som rører ved dere, rører ved hans øyesten.* (Sakarja 2,8.)

Å «*velsigne*» (ברוך) betyr «å ære eller skjenke gunst til», og Gud Den Allmektige har lovt å gjøre dette med alle dem som ærer og viser gunst mot det jødiske folket. Men den neste delen, «*den som forbanner deg, vil jeg forbanne*», villeder oss fordi den er oversatt feil. Ved første øyekast (i hvert fall i det populære engelske versjonene) virker det som om det er en guddommelig uttalelse om like for like, men på hebraisk er det overhodet ikke moderat.

For det første er det to helt forskjellige ord på hebraisk som er oversatt som «*forbanne*» her (se ovenfor). For det andre er de ikke bare forskjellige, men de er faktisk flere lysår fra hverandre i sin betydning og kommer ikke engang fra den samme roten. Det første hebraiske ordet som er oversatt som «*forbannelse*», er קלל (*kilel*), og det andre er ארר (*arar*). Til og med uten

40

noen kunnskap om hebraisk, kan leserne lett se at det ikke er noen likhet mellom disse ordene. Det finnes bare to plasser i hele Bibelen der disse to ordene kommer sammen i et enkelt vers, nemlig det som vi har rettet oppmerksomheten mot, og følgende vers:

*Gud skal du ikke **spotte** (קלל), og en høvding blant ditt folk skal du ikke **banne** (ארר).*

(Andre Mosebok 22,28.)

Her er ordet קלל (*kilel*) oversatt som «***spotte***». Det er nøyaktig det samme hebraiske ordet som er brukt i verset i Første Mosebok, men det er oversatt helt annerledes. La meg nå gå videre og analysere hva dette betyr for oss i virkeligheten.

Vi burde huske at det er Herren Gud Den Allmektige som taler disse ordene. Det er Herren som vil «*velsigne*», og det er Herren som vil «*forbanne*». Gud Den Allmektiges mektige velsignelser gir oss glede:

*Det er Herrens **velsignelse** som gjør rik, og eget strev legger ikke noe til.*

(Ordspråkene 10,22.)

*Jeg … vil åpne himmelens luker for dere og øse ut **velsignelser** over dere i rikelig mål!*

(Malaki 3,10.)

Derimot kan vi finne Herrens dommer og makt i forbannelsene:

*Da sa Gud Herren til slangen: Fordi du gjorde dette, skal du være **forbannet** framfor alt fe og framfor alle ville dyr. **På buken skal du krype**, og støv skal du ete alle ditt livs dager.*

(Første Mosebok 3,14.)

Slangen eller ormen gikk en gang på jorda som de dyra som har fire bein. De fleste menneskene er ikke klar

41

over at slanger har atrofiske bein som er gjemt inne i kroppene sine – en evig, levende påminnelse om den fryktelige kraften i Guds forbannelse.

*Og til Adam sa han: Fordi du lød din hustrus røst og åt av treet som jeg forbød deg å ete av, skal jorden være forbannet for din skyld. **Med møye skal du nære deg av den alle dine levedager. Torner og tistler skal den bære for deg,** og du skal ete av markens vekster.*

(Første Mosebok 3,17-18.)

Adam spiste opprinnelig mat som vokste av seg selv fra marken. Etter at Herren forbannet jorda, måtte menneskeheten svette, og vi svetter fortsatt for å hente mat fra jorda. De flere hundre variantene av tistler som fører krig mot bønder og gartnere, er et bevis på forbannelsen over jorda, og det samme gjelder de mange tusen tornebuskene som river opp både hud og klær.

Vi kan se de tragiske resultatene av Herrens forbannelse over Jeriko (som ble ytret fra Josvas lepper, men som allikevel var Herrens ord):

Forbannet *for Herrens åsyn være den mann som går i gang med å bygge opp igjen denne byen Jeriko! Når han legger byens **grunnvoll**, skal det koste ham **hans førstefødte sønn**. og når han setter opp **byportene**, skal det koste ham **hans yngste sønn**.*

(Josva 6,26.)

Og senere leser vi:

*I hans dager bygde Hiel fra Betel opp igjen Jeriko. Da han la grunnvollene til byen, kostet det ham **hans førstefødte sønn Abiram**. Og da han satte opp portene, kostet det ham **hans yngste sønn Segub** – slik som Herren hadde talt ved Josva, Nuns sønn.*

(Første Kongebok 16,34.)

42

Hiel hadde tenkt til å gjenoppbygge Jeriko, og den eldste sønnen hans, den førstefødte sønnen, døde da han la grunnvollen. Da han hang opp portene til byen, døde også den yngste sønnen.

I alle de tre avsnittene som vi har sitert ovenfor (det finnes også mange andre), er det ordet som er oversatt med «*forbannelse*», på hebraisk ordet ארר (*arar*). Ordet betyr «å forbanne», eller «å uttale ondt mot» – «noe som bringer stor skade eller trøbbel». I kontrast til dette fryktelige ordet, kan vi se på det andre hebraiske ordet, קלל (*kilel*). Jeg har uthevet ordet i sammenhengen og har brukt flere engelske bibeloversettelser slik at vi tydelig skal kunne se hva det betyr:

*Men da hun så at hun var blitt med barn, **ringeaktet** hun sin frue.*

> (Første Mosebok 16,4.) (O.a.: Forfatteren har brukt en engelsk oversettelse der ordet **foraktet** er brukt.)

*Gud skal du ikke **spotte**, og en høvding i ditt folk skal du ikke banne.*

> (Andre Mosebok 22,28.) (O.a.: Forfatteren har brukt en engelsk oversettelse der ordet **håne** er brukt.)

*Gud skal du ikke **spotte**, og en høvding i ditt folk skal du ikke banne.*

> (Andre Mosebok 22,28.) (O.a.: Forfatteren har sitert det samme skriftstedet for andre gang, og denne gangen har han brukt en annen engelsk oversettelse der uttrykket **blasfemi** er brukt, som kan brukes som verb på engelsk.)

*Førti slag kan han la dem gi ham, men ikke fler. Din bror skal ikke **bli æreløs** i dine øyne ved å få enda mange flere slag.*

> (Femte Mosebok 25,3.) (O.a.: Forfatteren har brukt en engelsk oversettelse der ordet **ydmyket** er brukt.)

43

Så gikk de inn i sin guds hus og år og drakk og **forbannet** *Abimelek.*
(Dommerne 9,27.) (O.a.: Forfatteren har brukt en engelsk oversettelse der ordet **latterliggjorde** er brukt.)

Nei, jeg er for **liten**. *Hva skulle jeg svare deg?*
(Job 39,37.) (O.a.: Forfatteren har brukt en engelsk oversettelse der ordet **uverdig** er brukt.)

Herren, hærskarenes Gud, har besluttet det for å van-hellige alt stolt prakt, for å **vanære** *alle jordens store.*
(Jesaja 23,9.) (O.a.: Forfatteren har brukt en engelsk oversettelse der ordet **ringeakte** er brukt.)

Her har vi seks skriftsteder fra sju forskjellige oversettelser av det samme ordet fra tre viktige engelske bibeloversettelser, som er publisert i USA. Følgende definisjoner er hentet fra *Webster's Unabridged Dictionary*, som er publisert i USA:

Forakte: «å se ned på, å ha en lav formening om».

Håne: «å være bebreidende eller fornærmende i tale».

Blasfemi: «å håne eller tale bebreidende».

Ydmyke: «å senke stoltheten eller verdigheten til; å gjøre ydmyk».

Latterliggjøre: «ord eller handlinger som har til hensikt å gi uttrykk for forakt og hisse til latter».

Uverdig: «uten meritter eller verdi».

Ringeakte: «en persons følelser eller gjerninger mot noe som han betrakter som lavt, verdiløst eller som ikke er noe å legge merke til».

Med disse definisjonene for hånda, har vi en mye klarere forståelse av det som faktisk blir sagt i Første Mosebok 12,3.

Herren Gud Den Allmektige har lovt å *forbanne*, å gi stor trøbbel og skade til den som har en lav oppfatning av det jødiske folket.

Herren lover å *forbanne* og føre store problemer over dem som forårsaker at det jødiske folkets verdighet eller personlige stolthet vil lide.

Herren lover å *forbanne* og føre store problemer over dem som utsetter det jødiske folket for latterliggjøring.

Herren lover å *forbanne* og føre store problemer over dem som bebreider det jødiske folket eller utsetter dem for fornærmende språk.

Herren lover å *forbanne* og føre store problemer over dem som tror at jødene har en mangel på verdi eller at en individuell jøde, eller det jødiske folket som helhet, er mindreverdige eller ikke er noe å legge merke til.

Herren lover å *forbanne* og føre store problemer over dem som taler bebreidende om hans utvalgte folk.

Akkurat som Herren gjennom Josva utstedte en advarsel angående Jeriko, har han også utstedt en advarsel til verden i stort angående jødene.

Helt i begynnelsen, da Abram, det jødiske folks far, sto alene og uten etterkommere, identifiserte Herren Abrams sak som sin egen. Han erklærte at han i bunn og grunn var koblet til velstanden og ulykken for alle dem som kom i kontakt med ham. Herren lover å *velsigne* dem som *velsigner* Abram og etterkommerne hans, og motsatt lover han å *forbanne* dem som ikke akter høyt på dem. Han utstedte advarslene for mer enn 4000 år siden, og selv om det har gått evigheter av tid, har det ikke utvannet velsignelsene eller slitt ut alvoret med forbannelsen. *Den som har ører til å høre med, la ham*

45

høre! Det som Herren sa til Abram, gjelder fortsatt i dag, og mange mennesker går på meget tynn is med hensyn til å bli forbannet. I tillegg til verdens befolkning som ikke er født på nytt, finnes det utallige bekjennende kristne som har vitnesbyrd om problematiske liv. Alt det de rører ved, blir til støv. Det sømmer seg å lytte til Herrens advarsel angående Israels nasjon og det jødiske folket som helhet. Og når vi velsigner, vil vi bli velsignet.

Kjære Herre!

Tilgi meg for at jeg har misforstått dine ord. Tilgi meg også for de gangene som jeg har talt mot ditt utvalgte folk. Tilgi meg for de jødiske vitsene som jeg har ledd av, for at jeg ikke har aktet høyt på dem. Jeg omvender meg, Herre, og ber om at du legger min synd under Jesu blod, han som er jødenes Konge. Gi meg nåde til å velsigne ditt folk i ord og handling og rette til det gale som er blitt gjort. Jeg forstår nå at jeg ikke kan elske jødenes Konge og ha en skygge av antisemittisme i hjertet mitt. Amen!

En jomfru skal bli med barn

Det har i lang tid vært en strid fordi noen, for det meste jøder, har påstått at Maria ikke oppfylte det guddommelige kravet på å være en sann jomfru som kunne fullbyrde Jesajas profeti:

*Derfor skal Herren selv gi dere et tegn: Se, **en jomfru skal bli med barn, hun skal føde en sønn** og gi ham navnet **Immanuel**.*

(Jesaja 7,14.)

Striden har oppstått fordi det hebraiske ordet som blir brukt for jomfru i profetien er עלמה (*alma*), men Maria var en בתולה (*betulah*). Argumentet mot at Maria var jomfru fordi hun ikke var en עלמה (*alma*), er meningløst og holder ikke vann, ganske enkelt fordi den avslører personens mangel på bibelkunnskap og bibelsk kultur.

La oss gå til historien om Abrahams viktigste tjener, som på Abrahams befaling lette etter en jomfru for hans sønn, Isak, fra Abrahams eget folk i Mesopotamia. Her leser vi at tjeneren (antagelig Elieser fra Damaskus – Første Mosebok 15,2) kom fram til byen Nahor og ventet ved brønnen på den tiden da kvinnene og jentene kom for å hente vann. Han fikk kamelene sine til å knele ned ved brønnen og ba om at Gud ville gi sin mester

47

framgang ved å vise ham hvilken pike som skulle være Isaks brud. Tjeneren ba:

Se, nå står jeg her ved denne vannkilden mens døtrene til byens menn kommer ut for å dra opp vann. La det nå bli slik at den piken jeg spør: Vær så snill, hell på krukken din så jeg får drikke! – og som da svarer: Drikk du, og jeg vil også la kamelene dine å drikke! – la det da være henne du har utsett for din tjener Isak. Av dette vil jeg skjønne at du har vist godhet mot min herre.

(Første Mosebok 24,13-14.)

Og før tjeneren var ferdig med å be, kom Rebekka, Abrahams niese, til brønnen med ei krukke for å hente vann.

*Piken var meget vakker, en **jomfru** (בתולה) som ingen mann hadde vært nær. Hun gikk ned til kilden og fylte krukken sin, og kom så opp igjen. Da løp tjeneren henne i møte og sa: Vil du la meg drikke litt vann fra krukken din? Hun svarte: Drikk, herre! Og hun skyndte seg og tok krukken ned i hånden og lot ham drikke. Da hun hadde latt ham drikke seg utørst, sa hun: Jeg vil dra opp vann til kamelene dine også, så de kan få drikke seg utørste. Hun skyndte seg og tømte krukken i vanntrauet, og løp så til brønnen igjen, og drog opp vann til alle kamelene hans. Mannen så på henne og undret seg. Han holdt seg taus for å få vite om Herren hadde latt reisen hans lykkes eller ikke. Da så kamelene var ferdige med å drikke, **tok mannen fram en gullring som veide en halv sekel, og to armbånd av gull som veide ti sekel, og la dem om armene hennes**.*

(Første Mosebok 24,16-22.)

Abrahams tjener satte neseringen på Rebekkas nese og armbåndene på armene hennes, og dette var forlovelsen.

Så spurte tjeneren Rebekka om hvem sin datter hun var og om det var rom for ham å overnatte hjemme hos hennes far, og da svarte Rebekka at det var masse rom for ham i huset og også halm og mat til kamelene hans. Så løp Rebekka for å fortelle sin mors husstand alt som nettopp hadde skjedd.

Rebekka hadde en bror som het Laban. Da Laban så neseringen og armbåndene på søsterens armer, og fikk høre ordene hennes om alt det som Abrahams tjener hadde talt til henne, gikk han ut for å hilse tjeneren velkommen og sa til ham: «*Kom inn, du Herrens velsignede! Hvorfor står du her ute?*» (Første Mosebok 24,31.)

Men Abrahams tjener nektet å spise inntil han hadde fortalt om hensikten med reisen fra Kanaan. Han gjenfortalte bønnen sin til dem, nesten ord for ord:

*Se, nå står jeg her ved denne kilden. Kommer det nå en **ung pike** hit ut for å dra opp vann, vil jeg si til henne: Vær så snill, la meg få litt vann av krukken din! Svarer hun da: Dikk du, og jeg vil også dra opp vann til kamelene dine – la henne da være den kvinnen som du har utsett for min herres sønn.*

(Første Mosebok 24,43-44.)

Forskjellen her er at det hebraiske ordet som nå blir brukt for «jomfru» eller «ung pike», ikke lenger er בתולה (*betulah*), men עלמה (*alma*), for Rebekka var nå forlovet med Isak på samme måten som Maria var forlovet med Josef da hun fødte Jesus. Som vi har nevnt ovenfor, betyr det at påstanden om at Maria, Jesu mor, ikke var en עלמה (*alma*), på gresk παρθένον (*parthenos*), og dermed ikke fullbyrdet Jesajas profeti, holder ganske enkelt ikke vann.

49

I tillegg til dem som strider om Marias renhet, finnes det tusenvis av «kristne» og andre som ikke tror på jomfrufødselen. De sier at noe slikt er umulig. Noen bibeloversettere forsterker denne ugudelige, vantro tankegangen ved å ganske enkelt utelate at det er en jomfru som skal bli med barn. Her følger tre av disse versjonene:

*New Revised Standard Version: Derfor vil Herren selv gi dere et tegn. Se, **den unge kvinnen er med barn** og skal føde en sønn.*

(Jesaja 7,14.)

*The NET Bible: Av denne grunn vil den suverene mester selv gi dere et bekreftende tegn. Se, **denne unge kvinnen skal snart unnfange** og vil føde en sønn.*

(Jesaja 7,14.)

*The Bible in Basic English: Av denne grunn vil Herren selv gi dere et tegn: **en ung kvinne er nå med barn**, og hun vil føde en sønn.*

(Jesaja 7,14.)

Så er det minst en oversettelse som hopper bukk over spørsmålet med sin forvirrende oversettelse, som fører til at leseren er i tvil om det faktisk var en jomfrufødsel:

*The Message: Så Mesteren skal gi dere et tegn allikevel. Se etter dette: **Ei jente som i øyeblikket er en jomfru**, vil bli gravid.*

(Jesaja 7,14.)

Det er vanskelig å forstå dem som fornekter jomfrufødselen. Jesaja sier at **Gud vil gi et tegn**. Gud Den Allmektige er kilden til dette tegnet som er blitt profetert av Jesaja. Det er Gud selv som ga det. Hva er det som er så uvanlig med at en ung kvinne unnfanger og føder et barn? Over hele verden gjør millioner av mennesker det hver dag, og de har gjort det i tusenvis av år. Det er åpenbart at dette tegnet vil være et ekstraordinært fenomen, ingenting mindre enn et mirakel: *en jomfru skal bli med barn*. Det er et mirakuløst tegn som er gitt av en Gud som *ingen ting er for vanskelig* for ham (Jeremia 32,17), *han som gjør de døde levende og **kaller på det som ikke er til, som om det var til*** (Romerne 4,17). Når man erstatter jomfru med ung kvinne, viser det at både oversettere og redaktører har gått åndelig konkurs.

Jeg har en kopp hjemme som jeg kjøpte på et kinesisk bondemarked i en landsby midt i Kina i 1988. Det er en stor kopp, større enn et kaffekrus, og det er utstyrt med en stor mengde håndmalte blomster på svart glasur. Det ble rakst favorittkoppen min, og jeg brukte den hver dag i mange år inntil jeg snublet i trappa på vei opp til kontoret. Jeg klarte å beskytte koppen da jeg falt, men den smalt hardt ned på steinene og fikk store skader. Det gikk en hakkete sprekk nesten fra øverst til nederst på koppen, og glasuren og blomstene rundt sprekken var fliset bort. Jeg var veldig opprømt fordi jeg var blitt festet til koppen. Kona mi så på den, trøstet meg og sa: «Den kan vare i mange år på den måten», men det var ingen trøst for meg.

Koppen lekket ikke, så jeg fortsatte med å bruke den, men magien var borte. En dag da jeg skylte koppen etter å ha kommet ned fra kontoret, la jeg merke til at sprekken var borte. Jeg hentet et forstørrelsesglass og undersøkte koppen nøye. Det var ingen sprekk, og det var ingen flisete glasur eller flisete blomster. Jeg ropte på kona at hun skulle komme til kjøkkenet og sa: «Gud har helbredet koppen min!» Hun tok koppen, snudde

51

den rundt og rundt og sa i vantro: «Hvordan kunne han gjøre det?» Koppen står nå på en stolt plass i skapet vårt med porselen. Poenget med at jeg forteller denne historien, er at Gud kan gjøre alt. Jeg ba aldri Gud om å reparere den ødelagte koppen min. Han gjorde det av sin egen vilje fordi han elsker meg, akkurat som han elsker alle andre i familien sin. Og hvis Gud kan reparere en ødelagt kopp så perfekt at et forstørrelsesglass ikke hjelper deg med å se hvor sprekken har vært, da han han også like uanstrengt og upåviselig plante sitt hellige frø inn i en jomfrus livmor uten at hun kjenner den faktiske datoen da hun ble gravid ved Gud Den Allmektiges mirakuløse gjerning. Maria var en jomfru. Hun var et tegn fra Gud. Det er bare å akseptere det.

Kjære Herre!

Jeg takker deg for at du ga menneskeheten et tegn, et fenomenalt mirakuløst tegn – en jomfru som føder. Og dette ble oppfylt av Maria, som fødte Jesus i en stall i Betlehem. Hjelp oss, Herre, med å kvitte oss helt med all tvil som vi kan ha, om din store kjærlighet, din enorme kraft og din evne til å holde dine løfter. Hjelp oss med å være *fullt viss på at det Gud har lovt, det er han og mektig til å gjøre* (Romerne 4,21 parafrasert). Amen!

Sint? Nei, bare opprørt

Det finnes et kjent skriftsted som de fleste av oss leser, og det slutter med at vi viser empati for kong David. Kongen gjorde sitt aller beste for å føre Arken tilbake til Jerusalem, men det var et foreskrevet rituale for å transportere Arken, og det ble ikke overholdt. David plasserte Arken på en ny vogn for transporten til Jerusalem. (Arken skulle ha vært båret på levittenes skuldre, ikke plassert på en vogn. David gjorde dette rett den andre gangen – i Andre Samuelsbok 6,10-15.) Men Herren slo ned Ussa, en av dem som kjørte vogna, for da oksene snublet, rakte han ut hånda mot Arken for å støtte den.

Da ble Herren brennende **harm** *på Ussa. Han slo ham fordi han hadde rakt ut hånden mot paktkisten, og han døde der for Guds ansikt. David ble* **opprørt** *over Herrens plutselige utfall mot Ussa. Han kalte dette stedet Peres-Ussa, som det heter den dag i dag.* **Den dagen ble David grepet av frykt for Gud** *og sa: «Hvordan skal jeg kunne føre Guds paktkiste hjem til meg?»*

(Første Krønikebok 13,10-12, 2012.)

53

Etter Ussas død ble David redd for Gud Den Allmektige, og arken ble stående hos Obed-Edom i tre måneder inntil David fant ut hva som gikk skeis. Nesten alle engelske oversettelser sier at David ble «*sint/vred*» på Gud fordi Ussa mistet livet, men det var faktisk ikke tilfelle. På både hebraisk og arameisk kan nesa gi en indikasjon på både vrede og et tegn på en sykdom. Ansiktet på en person som virkelig blir vred, får et rødt skjær på grunn av det økte blodtrykket, og det gjelder også nesa. Og når en person pådrar seg influensa eller et annet virus, der man må kvitte seg med slim via neseborene, kan personens nese bli veldig rød. Den sistnevnte personen vil spesielt i den arabiske kulturen si at han er «opprørt», at han ikke føler seg bra.

I skriftstedet vårt ser vi at Herrens vrede blir opptent mot Ussa fordi han rørte ved den hellige Arken, og Herrens vrede er uttrykt på denne måten (fra høyre mot venstre): יהוה אף-ויחר, noe som forteller oss at Herrens nese var varm. På den andre siden sies det at David var vred, mens hans vrede blir gjengitt som ויחר, noe som betyr at han ikke var sint, men *varm, brennende*. Med andre ord var David «opprørt» over Ussas plutselige død og lurte på hvordan i all verden han skulle få Arken tilbake til Davids stad. Når vi ser på den hebraiske teksten, leser vi i de tre første ordene på den første linja: «*Og Herrens* **vrede** ...», og de to første ordene på den andre linja: «*Og David* **brente** ...» David var forståelig nok opprørt over Herrens utbrudd mot Ussa, men som vi har nevnt tidligere, korrigerte David denne feilen tre måneder senere. Nedenfor er hele den hebraiske teksten:

וַיִּחַר-אַף יְהוָה, בְּעֻזָּא, וַיַּכֵּהוּ, עַל אֲשֶׁר-שָׁלַח יָדוֹ עַל-הָאָרוֹן; וַיָּמָת שָׁם, לִפְנֵי אֱלֹהִים.

וַיִּחַר לְדָוִד, כִּי-פָרַץ יְהוָה פֶּרֶץ בְּעֻזָּא; וַיִּקְרָא לַמָּקוֹם הַהוּא, פֶּרֶץ עֻזָּא, עַד, הַיּוֹם הַזֶּה.

וַיִּרָא דָוִד אֶת-הָאֱלֹהִים, בַּיּוֹם הַהוּא לֵאמֹר: הֵיךְ אָבִיא אֵלַי, אֵת אֲרוֹן הָאֱלֹהִים.

Oversetterne har virkelig tatt feil her. Etter at jeg har gransket litt, virker det for meg som at det kun er *Literal Translation of the Bible* av Jay P. Green som har den korrekte oversettelsen om at David var «***opprørt***» og ikke «***sint***».

Det er mange skriftsteder der «nesa» (אף) er i fokus i spørsmål om vrede. For eksempel står det: *Den som er snar til vrede, vekker trette.* (Ordspråkene 29,22.) På hebraisk er den mannen «*som er snar til vrede*», אִישׁ-אַף, som bokstavelig betyr «nese-mann», og her ser vi at «nesa» (אף) har en fremtredende plass. På samme måten kan vi lese: *Hold deg ikke til venns med en som er **snar til vrede**.* (Ordspråkene 22,24.) Denne gangen bruker man det hebraiske uttrykket בעל אף, som faktisk betyr «nesas herre» eller «nesas mester». Men akkurat som David var opprørt og ikke vred, finnes det andre skriftsteder som er like villedende:

*Bli **harm**, men synd ikke! Tenk etter i hjertet på deres leie og vær stille.* (Salme 4,4.) Det ordet som er oversatt med «harm» her, er רגזו (*rigzu*), som ikke betyr harm i det hele tatt men «opphisset», «skjelve» eller «forstyr-ret». Det er godt å se at 2012-oversettelsen har oversatt dette verset korrekt:

Skjelv for ham og synd ikke mer. Si til dere selv når dere går til ro: «Vær stille!» (Salme 4,5, 2012.) Og *New Revised Standard Version* har også forstått det: *Når dere er **forstyrret**, så synd ikke. Tenk over det i dine senger, og vær stille.* (Salme 4,5, NRSV.)

55

Til avslutning vil jeg si at det er en vanskelig oppgave å oversette Bibelen, og det er spesielt sant når oversetterne ikke har intim kunnskap om Bibelens kulturer, så det må finnes unøyaktigheter. Vi kan bare gjøre vårt beste.

Kjære Herre!

Takk for ditt uforgjengelige, uforanderlige ord, som har vært overgitt i flere tusen år, og som har gått ut til jordas fire hjørner med frelse og håp til utallige millioner. Takk for alle oversettere som har arbeidet med ditt ord og tolket det til flere hundre språk. Vi forstår at ingen oversettelse er perfekt, men hjelp oss som individer å bruke alle de redskapene som er tilgjengelige og som kan kaste lys på vanskelige avsnitt. Hjelp hver og en av oss med å: *Studere for å vise oss selv godkjent for Gud, arbeidere som ikke trenger å skamme seg, som på rett måte håndterer sannhetens ord.* (Andre Timoteus 2,15, KJV.) Amen!

Dørvoktere

I Salme 84,11 står det: *For en dag i dine forgårder er bedre enn ellers tusen. Jeg vil heller stå ved dørterskelen i min Guds hus enn bo i ugudeliges telt.*

Det er bare ateister og ugjerningsmenn som ikke vil være enig i det. Noen kristne vil spontant kun sitere den mest velkjente delen av salmen: *Jeg vil heller stå ved dørterskelen i min Guds hus enn bo i ugudeliges telt.* Atter en gang er det bare ateister og ugjerningsmenn som ikke er enige. Men de fleste som siterer dette skriftstedet, misforstår kanskje det som blir sagt. De fleste engelske oversettelser har gått glipp av betydningen ved å følge tradisjonen og fører derfor leserne på feil vei.

Det er Kong David, *Israels liflige sanger* (Andre Samuelsbok 23,1), som skal ha skrevet Salme 84. Jeg sier «skal ha skrevet», for noen av de salmene som bærer Davids navn, ble ikke skrevet av ham, men av andre som tilføyde Davids navn til salmene, og derfor vil jeg kun henvise til «forfatteren». Den som skrev denne salmen, den forfatteren ga uttrykk for sitt hjertes lengsel etter Gud Den Allmektige. Tjenesten som dørvokter i Guds hus var en ettertraktet stilling og en der man fikk tillit. Og samtidig som Israels befolkning besto av flere millioner, var det bare to hundre menn som ble utnevnt til dørvoktere av kong David.

Disse som var utvalgt til å være dørvoktere, utgjorde til sammen 212 mann. De var innført i slektsregistrene etter landsbyene sine. David og seeren Samuel hadde innsatt dem i tjenesten fordi de var pålitelige. De og sønnene deres skulle holde vakt avdelingsvis ved portene til Herrens hus, ved teltboligen. Dørvokterne sto på post, vendt mot de fire vindretningene, mot øst, vest, nord og sør. Slektningene deres i landsbyene omkring skulle fra tid til annen komme og hjelpe dem i sju dager. For på grunn av sin troskap hadde disse fire, som var levitter, blitt innsatt som ledere for portvaktene. De voktet også over tempelrommene og skattkamrene i Guds hus. De tilbrakte natten i nærheten av Guds hus; for det var deres plikt å holde vakt og å åpne portene hver morgen.

(Første Krønikebok 9,22-27.)

Det var bare prestene som hadde lov til å gå inn i den indre forgården i Guds hus, ikke engang kongen hadde lov til det. Siden forfatteren lengtet etter å gå inn i de indre forgårdene, men var utestengt derfra av religiøse grunner, uttrykker han sine tanker om at bare en eneste dag i de forgårdene ville være bedre enn tusen dager ellers. Han sier at han ville ha ydmyket seg og bare sitte ned dørterskelen, som en tigger, for det ville ha vært bedre enn å leve utenfor blant de urettferdige.

Det hebraiske ordet סָפַף (*safaf*), som er oversatt med «*dørvokter*», finnes bare på denne ene plassen i Bibelen. Det kommer fra substantivet סַף (*saf*), som betyr «terskel». *New American Standard*-oversettelsen har, i likhet med Norsk Bibels oversettelse, klart å presentere en korrekt følelse for forfatterens hjerte:

*For en dag i dine forgårder er bedre enn tusen utenfor. Jeg vil heller stå ved **terskelen** til min Guds hus enn å bo i ondskapens telt.*

(Salme 84,10, NASB.)

Det virker som om NET-oversettelsen er ganske nær:

*Det er sikkert bedre å tilbringe bare en dag i ditt **tempels** forgårder enn å tilbringe tusen på andre steder. Jeg vil heller stå ved **inngangen** til min Guds **tempel** enn å leve i de ondes telt.*

(Salme 84,10, NET.)

Jeg sa at det «virker som om» denne oversettelsen er ganske nær den originale betydningen. Det fantes ikke noe ***tempel*** på kong Davids tid. Det kom senere ved hans sønn Salomos hånd flere år etter Davids død, og dette gir troverdighet til påstanden om at denne og noen andre salmer ikke er skrevet av David:

*Gå og si til min tjener David: Så sier Herren: Skulle du bygge meg et **hus** til å bo i? Jeg har jo **ikke bodd i hus helt fra den dagen jeg førte Israels barn opp fra Egypt, og til denne dag, men jeg har vandret om i et telt, i et tabernakel.***

(Andre Samuel 7,5-6.)

Det hebraiske ordet i Salme 84 som NET har oversatt som «*tempel*», er בית (*beit*), som betyr «hus», et ord som ofte blir brukt i Det gamle testamente når man snakker om *Guds hus*, og det er det ordet som Herren selv bruker når han sier til David: «*Skulle du bygge meg et **hus** til å bo i?*»

Det hebraiske ordet for «tempel» er היכל (*hechal*), og det brukes to ganger i Salmene. Det hebraiske ordet for

59

«hus» er בית (*beit*), og det brukes tjueto ganger i Salmene angående *Guds hus*. Det er et fullstendig mysterium for meg hvorfor NET brukte «*tempel*» da den hebraiske teksten så klart og tydelig sier «*hus*».

Jeg vil ikke være uvennlig, men det å skrive «*tempel*» i dette tilfellet istedenfor «*hus*», er litt som alle kartene bak i mange bibler der det står: «**Palestina på Jesu tid.**» Siden det ikke fantes noe slikt land på den tiden, og det hadde aldri vært det heller. Jesus ble født i Betlehem i **Israel**. Han bodde i Nasaret, en **israelsk** by. Han ble korsfestet og oppsto i **Jerusalem**, den viktigste byen og det åndelige senteret i **Israel**.

Alle disse tabbene er utført av eksperter og fører leserne på villspor, men som Abba Eban sa det: «En ekspert er en som kan alt, men ikke noe annet.»

Jeg skiftet helt emne da jeg snakket om «hus» eller «tempel», for jeg tror at det å erstatte det ene med det andre, er å være troløs mot Guds ord, og det er villedende for bibellesere. Som jeg tidligere har sagt, er «hus» ofte et synonym for *Guds hus*, men noen ganger er det en forskjell som ikke kan forklares med forfatternes forkjærlighet til å bruke parallelle konstruksjoner. For eksempel:

Men jeg – ved din store miskunn får jeg **inn i ditt hus**. *Foran ditt* **hellige tempel kaster jeg meg ned** *i din frykt*.
(Salme 5,8.)

Hvis den som skriver denne salmen går inn i «huset» (*Guds hus*), hvordan er det da mulig å bøye seg ned *mot* det når han allerede er i det? Jeg tror at dette forteller oss noe som vi hittil ikke har vært oppmerksomme på. Jeg er av den oppfatning at «*hus*», når det brukes om *Guds hus*, betyr hele byggverket sammen med alle

60

forgårder og tilhørende bygninger. På den andre siden tror jeg at «*tempel*» spesifikt handlet om «*Det aller helligste*», alle hellige plassers *sanctum sanctorum*, den plassen der Gud bor. På hebraisk kalles den for קדוש הקדשׁים (*kodesh kodeshim*). Det er den aller helligste plassen der ingen mann tør å sette sin fot bortsett fra ypperstepresten, og det skjer bare en gang om året på *soningsdagen* (Tredje Mosebok 23,27). Der bodde hele jordas Herre, over *nådestolen* som var laget av rent gull og plassert på *Paktens ark*. Herrens nærvær var flankert av to *kjeruber* i rent gull som sto vendt mot hverandre, og vingene deres strakte seg ut over Arken, over *nådestolen*, og berørte hverandre.

For å føre Guds ark opp derfra, den som er kalt med Navnet, – med Herrens, hærskarenes Guds navn, han som troner over kjerubene.

(Andre Samuel 6,2.)

Der bodde Gud, mellom *kjerubene*, over *nådestolen*. Det var hans private, aller helligste helligdom. Hans tempel. Og dermed ville tilbederne komme inn i «*husets*» «*forgårder*» og «*kaste seg ned foran templet*» – mot *Det aller helligste*, der Guds nærvær var.

Kjære Herre!

Igjen ber vi om din hjelp til å håndtere ditt uforgjengelige, uforanderlige ord på rett måte. Igjen ber vi om at du hjelper oss med å *studere* de mange bibelverktøyene som er tilgjengelige i den vestlige verden, som vil øke vår kunnskap om Bibelen, som er veikartet til å lære mer om deg: ***Og å kjenne Den Hellige er forstand.*** (Ordspråkene 9,10.)

61

Maria fra Magdala

For kort tid siden leste jeg et stykke som var skrevet av en velkjent pastor i *The Word for You Today*, der han skrev at Maria Magdalena var prostituert. Var dette faktisk sant, eller gjorde pastoren en fryktelig bjørne-tjeneste mot Maria Magdalenas navn og minne? Maria elsket Jesus med en så sterk pasjon at han viste seg for henne først (Markus 16,9), som var kort tid etter oppstandelsen (Johannes 20,14-17). Når man ser på skriftstedene, tror jeg det er mest trolig at det var to forskjellige kvinner som salvet Jesus med salvelse.

Evangelienes forfattere skrev for forskjellige publikum, til forskjellige tider og fra det de husket – det fantes ingen dingser eller telefoner som de kunne bruke til å spille inn Jesu liv da det skjedde. Matteus var litt som en moderne «helvetesild-predikant». Han var en jøde som skrev det som var relevant for et jødisk publikum. Markus skrev for et blandet publikum, og det samme gjorde Lukas, men Lukas gir oss mye mer innhold, omtrent som en historiker. Johannes skriver for et blandet publikum, men han fokuserer på at leserne skal

63

tro på at Jesus var i sannhet *Guds Sønn*, og Johannes' evangelium er mest annerledes fra de tre andre.

Her følger de fremtredende skriftstedene om kvinnen (eller kvinnene) fra hvert av de fire evangeliene i Det nye testamente i den rekkefølgen som de står i:

*Men da Jesus var **i Betania**, i **Simon den spedalskes** hus, da kom en kvinne til ham med en alabastkrukke full av kostbar salve. **Den helte hun ut over hans hode** mens han satt til bords. Men da disiplene så det, ble de harme og sa: Hva skal denne sløsingen tjene til? Salven kunne jo vært solgt for mange penger og gitt til de fattige.*

*Men da Jesus merket det, sa han til dem: Hvorfor gjør dere det vanskelig for kvinnen? Det er en god gjerning hun har gjort mot meg. De fattige har dere alltid hos dere, men meg har dere ikke alltid. For **da hun helte denne salven ut over mitt legeme, gjorde hun meg i stand til min gravferd**.*

(**Matteus** 26,6-12.)

Matteus hevder utvetydig at Jesus var i **Betania** i **Simon den spedalskes** hus, og det var der som kvinnen tømte vannet på Jesu **hode**, og at Jesus berømte henne for å ha salvet kroppen hans **før begravelsen**.

*Han var nå i **Betania**, i **Simon den spedalskes** hus. Og mens han satt til bords der, kom en kvinne som hadde en alabastkrukke med ekte, **meget kostbar nardus-salve**. Hun **brøt i stykker alabastkrukken og helte salven ut over hans hode**.*

(**Markus** 14,3.)

Markus gjentar det som Matteus skrev at Jesus var i **Betania** i **Simon den spedalskes** hus, og at den meget dyrebare nardus-salven ble tømt over Jesu **hode**.

64

*En av **fariseerne** innbød ham [Jesus] da til å spise hos seg. Jesus kom til **fariseerens** hus og tok plass ved bordet. Se, nå var det en kvinne der i byen som var en synderinne. Da hun fikk vite at Jesus satt til bords i **fariseerens** hus, kom hun dit med en alabastkrukke med salve. Hun **stilte seg bak Jesus, ved hans føtter, og gråt. Hun begynte å væte føttene hans med tårer** og tørket dem med sitt hår, og hun kysset hans føtter og salvet dem med salven. Man da **fariseeren** som hadde innbudt ham, så dette, sa han ved seg selv: Var denne mannen en profet, da visste han hvem og hva slags kvinne det er som rører ved ham, at hun er en syndig kvinne. Da svarte Jesus og sa til ham: **Simon**, jeg har noe å si deg …*

(**Lukas** 7,36-40.)

*… Så vendte han seg mot kvinnen og sa til **Simon**: Ser du denne kvinnen? Jeg kom inn i ditt hus, og du gav meg ikke vann til føttene. Men hun vætte mine føtter med tårer og tørket dem med sitt hår. Du gav meg ikke noe kyss. Men hun har ikke holdt opp med å kysse mine føtter fra den stund jeg kom inn. **Du salvet ikke mitt hode med olje.** Men hun **salvet mine føtter** med salve.*

(**Lukas** 7,44-46.)

Lukas spesifiserer ikke i hvilken by denne begivenheten skjedde, men det var i et hus som tilhørte en *fariseer* ved navn **Simon**, og det var tydeligvis i begynnelsen av Jesu tjeneste, for Lukas var ganske kronologisk i sin beretning: «*Så har også jeg nå gått nøye gjennom alt sammen fra begynnelsen av.*» (Lukas 1,3.) Det er derfor meget usannsynlig at Lukas, en intelligent lege, ville bli forvirret om hvorvidt dette skjedde i huset til en *fariseer* ved navn **Simon** eller en **spedalsk** ved navn **Simon**. Det

65

er også meget usannsynlig at fariseeren var spedalsk, for da hadde han vært religiøst uren og ville vært nødt til å holde avstand.

Lukas' kvinne **stilte seg bak Jesus, ved hans føtter** (skikken var at man la seg ned på puter på gulvet for å spise, og at man strakte ut føttene fra bordet) **og gråt**. Denne kvinnen gråt så mye at **tårene** hennes falt på Jesu føtter, og hun **tørket dem med sitt hår** (det var også en skikk at kvinner hadde langt hår). Etter å ha tørket Jesu føtter med håret sitt, begynte hun å **kysse** dem og så **salve** dem med **duftende olje** (o.a.: på engelsk står det «duftende olje), men Lukas sier ingenting om **meget kostbar nardus-salve**, kun **duftende olje**. Kvinnen var en «**syndig kvinne**», det vil si, antagelig en kjent prostituert. Hun hadde kommet inn i fariseerens hus da hun visste at Jesus lå til bords for å spise, og hun var ikke en invitert gjest. Jesus nevner spesifikt at det kun var **føttene** hans som ble salvet og ikke **hodet**.

Seks dager før påske kom så Jesus til Betania, der Lasarus bodde, han som Jesus hadde oppvakt fra de døde. **Der holdt de et festmåltid for ham.** Marta varter opp, og Lasarus var en av dem som satt til bords sammen med ham. **Maria tok da et pund ekte, meget kostbar nardus-salve og salvet Jesu føtter, og hun tørket hans føtter med sitt hår.** Og huset ble fylt av salvens duft.

Da sier Judas Iskariot, en av hans disipler, han som skulle komme til å forråde ham: Hvorfor ble ikke denne salven solgt for tre hundre denarer og pengene gitt til de fattige? Men dette sa han, ikke fordi de fattige lå ham på hjertet, men fordi han var en tyv. Det var han som hadde kassen, og han tok av det som ble lagt i den.

66

Jesus sa da: La henne være! **Hun har gjemt den til dagen for min gravferd!**

(**Johannes** 12,1-7.)

Her fastslår Johannes for oss at dette skjedde *seks dager før påskemåltidet*, og deretter ble Jesus arrestert og korsfestet neste dag, så dette var helt på slutten av Jesu tjeneste. Johannes bekrefter det som Matteus og Markus skrev at salvelsen fant sted i **Betania**. Der lagde de (antagelig Marta og Maria) i stand et måltid for ham, og **Marta** gjorde som hun pleide, hun **tjente** (Lukas 10,40). Atter en gang er Johannes' beretning meget annerledes enn det som Lukas skrev.

Så tok Maria, Martas søster, **et pund ekte, meget kostbar nardus-salve og salvet Jesu føtter, og hun tørket hans føtter med sitt hår**. Ifølge Johannes hadde Maria **et pund**, en meget stor mengde med den **kostbare nardus-salven**, og hun må ha **salvet** mer enn bare Jesu **føtter**. Matteus forteller at en kvinne (som må være en henvisning til Maria) **kom til ham** (Jesus), og til forskjell fra kvinnen i Lukas, **helte hun salven ut over hans hode**. Jesus sier at den også ble helt **ut over hans legeme**. Det står ingenting om at Marias tårer faller på Jesu føtter eller at hun kysser dem. Med overlegg salvet hun føttene hans med **meget kostbar nardus-salve og tørket hans føtter med sitt hår**.

Olje som blir helt ut over **hodet**, **kroppen** og **føttene** til Jesus stemmer overens med det **pundet** av **nardus-salve** som Maria hadde med seg – en så stor mengde ville ha vært sløseri hvis man bare salvet føttene. På **hodet**, **kroppen** og **føttene** til Jesus stemmer også overens med at han ble salvet for **sin gravferd**, som Matteus og Johannes skriver. Matteus, Markus og

67

Johannes vitner om at det var **meget kostbar** salve, og Markus og Johannes sier begge to at det var **nardussalve**.

Det er liten tvil om at Matteus, Markus og Johannes skriver om den samme begivenheten med lignende, men ikke identiske ord.

Vi må også ta med i beregningen at Jesus hadde **drevet sju onde ånder** ut av Maria:

Etter at Jesus var oppstått, tidlig den første dag i uken, viste han seg først for **Maria Magdalena, som han hadde drevet sju onde ånder ut av**.

(**Markus** 16,9.)

... og likeså noen kvinner som var blitt helbredet for onde ånder og sykdommer: Maria, med tilnavnet Magdalena, **som sju onde ånder var fart ut av**.

(**Lukas** 8,2.)

Lukas nevner ingen slike ting om den kvinnen han skriver om, bortsett fra at Jesus sa:

Derfor sier jeg deg [Simon]: **Hennes mange synder** *er henne forlatt, derfor elsker hun meget. Men den som lite er tilgitt, elsker lite. Og han sa til henne: Dine synder er deg forlatt. Da begynte de som satt til bords med ham å si ved seg selv: Hvem er denne, som endog tilgir synder? Men han sa til kvinnen: Din tro har frelst deg. Gå bort i fred!*

(**Lukas** 7,47-50.)

Jesus verken la hendene på kvinnen eller befalte noen ånder å forlate henne. Og umiddelbart etter det foregående verset, fortsetter Lukas med:

Og det skjedde **i tiden som fulgte**, *at han drog omkring fra by til by og fra landsby til landsby og forkynte evangeliet om Guds rike. Og de tolv var med ham, og* *likeså **noen kvinner som var blitt helbredet for onde ånder** og sykdommer: **Maria, med tilnavnet Magdalena, som sju onde ånder var fart ut av**, Johanna, som var gift med Kusa, embetsmann hos Herodes, Susanna og mange andre, **som tjente dem med det de eide.***

(**Lukas** 8,1-3.)

Hvordan kan da den kvinnen som gråt over Jesu føtter være den samme kvinnen som *sju onde ånder* var fart ut av, som Lukas, i så og si neste åndedrag, identifiserer som Maria, og som forsørget Jesus sammen med andre kvinner? Lukas ville selvfølgelig ha påpekt dette faktum, akkurat som Johannes gjorde det:

*Det var en mann som var syk, Lasarus fra Betania, **byen som Marta og hennes søster Maria bodde i. Det var Maria som salvet Herren med salve og tørket føttene hans med sitt hår.** Det var hennes bror, Lasarus, som var syk.*

(**Johannes** 11,1.)

Johannes forteller oss at det var **Maria som salvet Herren med salve og tørket føttene hans med sitt hår**, men det å bare helle duftende olje på føttene hans, er ikke å **salve** dem, og Johannes sier ettertrykkelig at Maria **salvet** Jesus. Og samtidig som det kan virke som om Johannes snakker om den samme kvinnen som Lukas, som gråt ved Jesu føtter og tørket føttene hans med håret sitt, må vi legge merke til at Johannes ikke forteller denne historien i evangeliet sitt. Han peker mot framtiden, ikke tilbake til fortiden. Matteus benytter seg av samme slags blikk mot framtiden da han skriver om at Jesus utvalgte de tolv apostlene, og han skriver om Judas' forræderi lenge før det skjedde:

69

Simon Kananeus og **Judas Iskariot, han som forrådte ham**.

(Matteus 10,4.)

Tanken om at Maria var prostituert og at hun var kvinnen i Lukas' beretning, der vi leser om *fariseeren* ved navn *Simon*, holder ikke vann etter min mening. Lukas skriver også for oss:

Mens de var på vandring, kom han inn i en landsby, og en kvinne ved navn Marta tok imot ham i sitt hus. Hun hadde en søster som hette Maria. Hun satte seg ved Jesu føtter og lyttet til hans ord. Men Maria var travelt opptatt med alt som skulle stelles i stand. Hun gikk da bort til dem og sa: Herre, bryr du deg ikke om at min søster har latt meg bli alene med å tjene deg? Si da til henne at hun skal hjelpe meg!

(**Lukas** 10,38-40.)

Maria må ha blitt satt fri fra demonisk besettelse da hun var en av de menneskene som fulgte etter Jesus i store skarer. Her sitter hun nå ved føttene hans og griper tak i hvert eneste ord. Jeg kan ikke unngå å tro at det må ha vært to forskjellige kvinner i disse historiene: den ene i begynnelsen av Jesu tjeneste, og den andre mot slutten av hans tjeneste. Jeg har presentert fakta, men du, leseren, må ta din egen personlige beslutning på grunnlag av det bibelske beviset.

Kjære Herre!

Vi vet fra forskjellige beretninger i evangeliene at kvinnene (eller kvinnen) som salvet Jesu føtter og kropp, elsket ham veldig høyt. Vi vet også at de (eller hun) var tilgitt for sine (eller hennes) synder og var elsket og akseptert av Jesus i gjengjeld. Hjelp oss med å være gode mot minnet av disse kvinnene (eller denne kvinnen)! Hjelp oss med å bare se den kjærligheten som de (eller hun) hadde til din *enbårne Sønn*, og hjelp oss med å elske ham på den samme overdådige, pasjonerte måten. Amen!

Minnenavnet

Minnenavnet er det navnet som Herren befalte at menneskene både skulle kjenne og huske ham ved, men verken Israel eller menigheten adlyder. Israel begynte med Guds rette navn på leppene sine, men ettersom menneskers regler og forskrifter «gjerdet inn» *Torahen* (Loven), måtte den bibelske religionen gi etter for den jødiske, rabbinske religionen som fortsatt råder i dag. Guds riktige navn ble det navnet som ikke kunne kommuniseres – det navnet som aldri skulle ytres. Menigheten bruker ikke Guds sanne navn ettersom de første oversetterne av den hebraiske teksten, som ikke kjente til det «gjerdet» som de jødiske rabbiene hadde bygd rundt navnet, oversatte det feilaktig.

Rabbiene ønsket å forhindre at noen noensinne skulle misbruke Guds navn (Femte Mosebok 5,11), så de lagde en regel om at alle skulle si «*Adonai*» – (*Herre*) når de leste navnet i Skriftene eller bønneboka. De tilføyde også navnet med et system av vokalpunkter som kalles for *nikud*, som fører til at man leser navnet som om det faktisk sto «*Herre*». Både jødisk og kristen tradisjon (tradisjoner er ofte en like stor forbannelse som velsignelse) frarøvet Gud etterhvert det korrekte navnet hans, og kirken mistet kunnskapen om det.

Det navnet som jeg snakker om, er brukt ikke mindre enn 6375 ganger i Bibelen, og bortsett fra at det blir oversatt som «*Jehovah*» sju ganger i King James-oversettelsen fra 1611, og som «*Jehovah*» i hele ASV-oversettelsen, blir det i alle andre populære engelske versjoner oversatt som *Herre* eller *Suverene Herre* (NIV). Guds personlighet blir åpenbart i både Navnet og i navnene hans. Vi burde innse at på grunn av overvekten av bruken alene, så er dette navnet veldig viktig.

Det som er oversatt som «*Herre*» eller «*Jehovah*», er de fire hebraiske bokstavene ' (*jod*), ה (*heh*), ו (*vav*), ה (*heh*), som utgjør det som ofte kalles for Tetragrammet – Guds navn. Navnet har en helt spesiell betydning,, men da tidlige bibelforskere oversatte de hebraiske skriftene til engelsk, fulgte de den rabbinske tradisjonen om å bruke «Herren» som Guds navn. Siden de visste at dette ikke var Guds korrekte navn, skrev de det med store bokstaver som «HERREN» for at det skulle se annerledes ut enn «Herren» – som tilsvarer det engelske ordet «sir». De prøvde også å oversette Guds navn, men siden de ikke innså at de *nikud*-vokalene som rabbiene hadde tilskrevet Tetragrammet, var vokalene til «Herren» og ikke det korrekte navnets vokaler, oversatte de navnet som et falsk «Jehovah» istedenfor «*Jahveh*», som er det nærmeste man kan komme til Guds navns korrekte uttale.

Den moderne betydningen av «Herren» er langt fra den opprinnelige betydningen, noe som gjør at slik vi bruker det navnet i dag, er det bare en skygge av den virkelige betydningen. Guds egennavn har derimot ikke mistet noe av sin majestetiske betydning. Selv om vi ikke kan finne så mye om navnet i teologiske verk og bibelkommentarer, er det ikke så vanskelig å forstå hva det betyr. De fire bokstavene som utgjør Tetragrammet – י (*jod*), ה (*heh*), ו (*vav*), ה (*heh*), skaper tre ord: ה (*heh*), י (*jod*), ה (*heh*) blir til היה (*hijah*), som betyr «var»; ה (*heh*), ו (*vav*), ה (*heh*) blir til הוה (*hoveh*), som betyr «er»; og י (*jod*), ה (*heh*), י (*jod*), ה (*heh*) blir til יהיה (*jihijeh*), som betyr «skal være». Det at navnet **Jahveh**, Guds egennavn, betyr «*er*», «*var*» og «*skal være*», er derfor ganske åpenbart (i det minste for meg), og det blir bekreftet tre ganger i Åpenbaringsboka. For eksempel:

*Jeg er Alfa og Omega, sier Gud Herren, han som **er** og som **var** og som **kommer**, Den Allmektige.*

(Åpenbaringen 1,8.)

Når vi har et korrekt forhold til **Jahveh** gjennom hans Sønn, og når vi påkaller hans navn, er vi garantert at han griper inn. Vi erklærer også for alle makter og myndigheter – i himmelen, på jorda og under jorda – at den evige Gud, han **som alltid var, er nå og for alltid skal være**, er vår Gud. Det er en mektig proklamasjon, og vi blir faktisk formant til å bruke dette majestetiske navnet på Gud (her vil jeg midlertidig unnlate å skrive «Herren» og isteden bruke Guds egennavn):

*Så sa Gud til Moses: Så skal du si til Israels barn: **Jahveh**, deres fedres Gud, Abrahams Gud, Isaks Gud og Jakobs Gud, har sendt meg til dere. **Dette er mitt navn til evig tid, så skal de kalle meg** fra slekt til slekt.*

(Andre Mosebok 3,15.)

75

Navnet *Jahveh* er mer enn bare et navn. Det er et *minnesmerke* – et «spesielt minne». Det var ikke tilstrekkelig at Gud fortsatt skulle være kjent som *El Shaddai* (Gud Den Allmektige) – han ville at hans tidløshet skulle være kjent:

*Jeg åpenbarte meg for Abraham, Isak og Jakob som Gud Den Allmektige. Men ved mitt navn **Jahveh** var jeg ikke kjent av dem.*

(Andre Mosebok 6,3.)

Vi har fått et påbud om å påkalles Gud med navnet *Jahveh*, men på grunn av feiltagelser og tradisjoner, har vi frarøvet ham egennavnet hans, og vi har mistet lysten til å være lydige mot hans ønsker. Men Gud befaler oss til å ikke misbruke navnet *Jahveh* (Femte Mosebok 5,11), noe som betyr at vi alltid skal være respektfulle og ærbødige når vi bruker det. Det å bruke Guds egennavn på en flåsete måte, vil bringe en person stor sorg.

Navnene *Jahveh* og *Jeg er* (som i seg selv er et uttrykk for *Jahveh*, med en repetisjon av ה (*heh*), ׳ (*jod*), ה (*heh*) – tre av de fire bokstavene i Tetragrammet – betegner Guds personlighet, individualitet, selveksistens og uforanderlighet, han som utpekte seg selv som vår Gud, vår Far, vår Herre og vår Mester. Vi gjør vel i å huske dette og alltid behandle ham med den høyeste respekt.

Kjære Herre!

Takk skal du ha, Far, for at du har åpenbart egennavnet ditt for oss, det navnet som du vil at vi skal huske deg ved. Hjelp oss med å internalisere minnenavnet ditt og hva det betyr. Og må vi alltid være oppmerksomme på forordningen om ikke å misbruke navnet ditt, for det er et minnenavn, og det er hellig. Amen!

Shema Jisrael!

Jødenes *shema* er drivkraften i den jødiske troen. Flere tusen jøder som måtte lide en voldsom død for antisemitters hender – til og med bekjennende «kristne» – døde med *shema* på leppene sine. *Shema* er selvfølgelig:

Hør Israel! Herren vår Gud, Herren er en.

(Femte Mosebok 6,4.)

Fra høyre mot venstre er dette på hebraisk:

שְׁמַע, יִשְׂרָאֵל: יְהוָה אֱלֹהֵינוּ, יְהוָה אֶחָד.

(Femte Mosebok 6,4.)

Jeg har uthevet ordet «*en*» i både den norske og den hebraiske teksten. Jødene bruker ofte denne teksten for å påvise de kristnes angivelige feil når man tror at Gud er en guddom som består av tre – *Fader, Sønn* og *Den Hellige Ånd,* for det står klart og tydelig at Gud er *en.* Dette ordet «*en*» i den hebraiske teksten er primtallet *en.* Det påstår ikke at Gud eksisterer i kun en form, og alle som noensinne har lest Bibelen nøye, vil være klar over at Gud har mange former. Både jøder og kristne vil være enige om at det bare finnes en Gud, men de er uenige om det som ofte er blitt kalt for «treenigheten». Jøder vil

79

heller dø enn å akseptere at det eksisterer en *Gud Faderen*, en *Gud Sønnen* og en *Gud Den Hellige Ånd*. To tusen år med slag og parering er til tider blitt voldelig, men jeg håper at det jeg skriver i dette kapitlet, vil sette sluttstrek for et spørsmål som jeg føler ikke er blitt så vel gjennomtenkt.

Sammenlign *shema* ovenfor med et annet skriftsted der det samme hebraiske ordet, «*en*» (אחד) blir brukt. I teksten nedenfor, som har fått en god oversettelse i NKJV og NASB, står det:

Men han er **unik***, og hvem kan få ham til å forandres? Og hva enn hans sjel ønsker, det gjør han.*

(Job 23,13, NKJV.)

Nå leser vi den hebraiske teksten fra høyre mot venstre:

וְהוּא בְאֶחָד, וּמִי יְשִׁיבֶנּוּ; וְנַפְשׁוֹ אִוְּתָה וַיַּעַשׂ.

(Job 23,13.)

Det er det samme ordet (אחד), men ingen engelske oversettelser har oversatt dette som «*en*», som de alle har gjort i Femte Mosebok 6,4. Og hvorfor er det slik? Ganske enkelt fordi det bare ville være nonsens å gjøre det.

Når jeg sjekket et antall engelske oversettelser, fant jeg noe som nesten var tullprat angående Job 23,13, og til og med NIVs oversettelse om at «*han står alene*», er fortsatt lysår fra den virkelige essensen i det som verset så sterkt ønsker å fortelle oss.

Når han taler om seg selv gjennom Jesaja, sier Gud:

Kom i hu de ting som hendte fra eldgammel tid, at **jeg er Gud, og ingen annen. Jeg er Gud, og det er ingen som jeg**.

(Jesaja 46,9.)

80

I dette kapitlet har Gud tatt to fluer med en smekk: Først sier han at det er *ingen annen*, noe som burde gjøre våre jødiske venner glade, og så sier han: *det er ingen som jeg*, som bekrefter Jobs uttalelse om at Gud er *unik*. En stor gudsmann utbroderte dette verset på en vakker måte (uthevelsen er min):

> Gud i sitt grunnleggende vesen er **unik i den eneste betydningen som det ordet kan bære. Det vil si, det er ingenting som ham i universet.** Det han er, kan ikke oppfattes av hjernen, for han er «**helt annerledes**» enn alt annet som vi har erfaring med. **Hjernen har ingen materialer å begynne med. Ingen mennesker har noensinne tenkt en tanke som kan sies å beskrive Gud på noen måte enn de vageste og mest ufullkomne måter.** Der Gud overhodet er kjent, må det være på andre måter enn vår skapnings fornuft.
>
> A.W. Tozer – The Divine Conquest

Gud er *sui generis* som bokstavelig talt betyr at *han er av sitt eget slag*. Han er bokstavelig talt **unik**. Siden det ordet **unik** – fra det latinske «**en**» – i sin kjerne betyr «å være den eneste av sitt slag», er det logisk umulig å modifisere det – det er enten «*unikt*» eller så er det ikke det. Det betyr at Gud ikke kan beskrives som om han er «så og si **unik**» eller noen annen modifikasjon av ordet. Han er bokstavelig talt **unik**, den eneste av sitt slag – *det finnes ingen annen* av Guds slag. Som vi så i kapitlet om minnenavnet, er det Jahveh som er Herrens navn som han vil bli kjent under, og dermed tror jeg at Femte Mosebok 6,4 burde leses på følgende måte:

Hør, å Israel, Jahveh vår Gud, Jahveh er unik.

(Femte Mosebok 6,4.)

81

Gud Allmektig er **unik**. Han er av sitt eget slag. Han står alene. Det finnes ingen som ham. Derfor: *Hør, å Israel, Jahveh vår Gud, Jahveh er **av sitt eget slag**. Jahveh er **unik** og **det finnes ingen som ham**.* Jeg er overbevist om at dette er den sanne betydningen av *shema*, som er presentert for oss i Femte Mosebok 6,4.

Kjære Herre!

Våre hjerter synger en lovsang til deg hele den livslange dagen, ikke bare for den soningen som ble gjort for oss av *din enbårne Sønn, Jesus*, eller for det evige livet som du har gitt oss fordi vi tror på at Jesus er din Sønn, men våre hjerter synger også en kontinuerlig lovsang fordi **du står alene**, det finnes **ingen som deg**, du er **unik** i enhver betydning av ordet – *hør, å menigheten til den førstefødte, Jahveh vår Gud er unik!* Amen!

Lovsang og tilbedelse

Nesten uten unntak vil alle evangeliske kirkers oppslagstavle informere forsamlingen om at det skal være en tid med «lovsang og tilbedelse» på søndagsmøtet. Hvis det ikke finnes noen oppslagstavle, opplyser man vanligvis verbalt om at det vil bli en tid for «lovsang og tilbedelse». Men dette uttrykket er ikke bibelsk, og de fleste medlemmer i menigheten har aldri forstått disse ordens betydning.

Et sant bibelsk uttrykk ville ha vært «*takksigelse og lovprisning*», og jeg tror at vi burde benytte oss av dette uttrykket og bruke det regelmessig. Hvis vi gjorde det, ville det være til stor nytte både for menighetene våre og for oss som individuelle medlemmer i menigheten.

For det første må vi forstå at minst halvparten av de gangene som vi leser om «*lovprisning*» i Bibelen, bli vi ledet på villspor fordi det hebraiske ordet som blir oversatt med «*lovprisning*» er אודה (*odeh*), som betyr «takk». Det hebraiske ordet for lovprisning er הלל (*halel*). Vi kan finne begge ordene sammen.

*Han [David] satte noen av levittene til å gjøre tjeneste foran Herrens ark og til å prise og **takke** (להדות) og **love** (להלל) Herren, Israels Gud.*

(Første Krønikebok 16,4.)

*Hver morgen skulle de stå og **love** (להדות) og **prise** (להלל) Herren, likeså hver kveld.*

(Første Krønikebok 23,30.)

På samme måten:

*For alt i gammel tid, i Davids og Asafs dager, var det ledere for sangerne, og det lød **lovsanger og takkesanger** til Gud.*

(Nehemja 12,46.)

Menigheten har generelt sett gitt slipp på *takksigelsen* og isteden erstattet det med «*tilbedelse*», der veldig få menigheter deltar. Tilbedelse betyr å **gjøre** noe, og det er vanligvis å legge seg ned med ansiktet mot gulvet.

Den bibelske betydningen av ordet «*tilbedelse*» er en tilstand av å **gjøre** noe. Det som ofte blir oversatt i engelske oversettelser av Bibelen som «*tilbedelse*», kommer fra det hebraiske ordet השתחות (*histukhavot*), som bokstavelig betyr «å bøye seg ned» eller «å legge seg langflat». Denne handlingen overføres til Det nye testamente der vi har en overflod av bruken av «*tilbedelse*». To eksempler er tilstrekkelig:

*Men de som var i båten, kom og **falt ned for ham** og sa: Sannelig, du er Guds Sønn!*

(Matteus 14,33.)

*Men de elleve disipler drog til Galilea, til fjellet hvor Jesus hadde satt dem stevne. Og da de fikk se ham, **falt de ned og tilbad ham**. Men noen tvilte.*

(Matteus 28,16-17.)

Etter at Jesus hadde talt til sjøen og bølgene og de ble stille, **tilbad** de som var i båten ham. På samme måten var det med disiplene i Galilea etter oppstandelsen da de **tilbad** ham. De sang ikke sanger, de **tilbad**. Det greske

84

ordet som man bruker i dette eksemplet, er προσε-κύνησαν (*prosekunesan*), som fortsetter med et bilde av handling: «å vise ærbødighet eller hyllest ved **nedfall**» … «**falle ned for**» … «å bøye seg i tilbedelse» (Mounce), «**å falle ned** i ærbødighet» (Strong). Overalt i både Det gamle og Det nye testamente kan vi se at **tilbedelse** er **tilbedelse**. Det er mye mer enn å synge sanger og klappe i hendene. Hvor mange evangeliske kirker i dag tillater full frihet i tilbedelsen? Hvor mange oppfordrer tilbederne til å bøye seg foran *Gud Den Allmektige* eller legge seg ned på kirkegulvet foran den som de elsker? Sann tilbedelse er viktig for det åndelige livet hos de troende, og det er ikke mindre enn sann takknemlighet til ham for deres frelse.

Takknemlighet er viktig for Gud. Gjennom vår tro på Jesus blir vi «*Guds barn*» (Johannes 1,12), og det er få foreldre som liker utakknemlige barn. Gud er ikke et unntak. Det følgende skriftstedet er en indikasjon på hvordan Herren føler angående utakknemlige mennesker som mottar av hans godhet men som gir lite eller ingenting tilbake i form av takknemlighet:

Da han gikk inn i en landsby, møtte det ham ti spedalske menn. De ble stående på avstand og ropte med høy røst: Jesus, Mester! Miskunn deg over oss!

Han så dem og sa til dem: Gå av sted og fremstill dere for prestene! Og det skjedde mens de var på vei dit, at de ble renset.

*Men **en** av dem vendte tilbake, da han så at han var blitt helbredet, og priste Gud med høy røst. Og han **falt ned for sitt ansikt for hans føtter og takket ham**. Han var en samaritan.*

85

Men Jesus svarte og sa: **Var det ikke ti som ble renset? Hvor er da de ni?** *Fantes det ingen som vendte tilbake for å gi Gud ære, uten denne fremmede?*

(Lukas 17,12-18.)

I skriftstedet ovenfor får vi et glimt av hvordan Gud blir såret av menneskers utakknemlighet. Jesus gjør et poeng av takknemlighet og at det er viktig for ham at vi har et takknemlig hjerte. Vi tar altfor mye for gitt, og vår «takk» før måltidet er mer som en kristen rite enn et hjertelig takk til Gud for hans overflødige omsorg. *«Takk»* og *«takksigelse»* finnes førtiseks ganger i Det nye testamente. Det er tydeligvis slik at det er veldig viktig å uttrykke takk til Gud.

Den samaritanske mannen kom tilbake for å gi Gud ære. Takknemlighet er å *komme tilbake for å si takk til den som bokstavelig ga seg selv for deg.* Vi må aldri ta Gud for gitt. Uheldigvis er det slik at våre tradisjoner for «lovsang og tilbedelse» og oversettelsen av «lovprisning» istedenfor «takk», har røvet Gud for mye av det som rettmessig er hans, det som rettmessig tilfaller ham for alt det han har gitt oss, gjort for oss og er for oss. Herren er vår Skaper, og han forventer seg *takksigelse* fra sin skapning. Vi burde søke ham og ikke skuffe ham.

Jeg vil bære fram **takkoffer** *til deg, og påkalle Herrens navn.*

(Salme 116,17.)

Takksigelse kan enten være verbalt eller som gaver som vi gir ham tilbake. Når Gud lar oss få eie ting som vi ønsker oss, burde vi umiddelbart ofre dem tilbake til ham i **takksigelse** – **takksigelse** gir ære til ham:

Den som gir **takk** *som offer, ærer meg.*

(Salme 50,23.)

86

Verset ovenfor er fra en norsk oversettelse som i dette tilfellet har oversatt det hebraiske ordet תודה (*todah*) på korrekt vis. Nesten alle engelske oversettelser oversetter det som *lovprisning*. Men når vi snakker om **takksigelse**, sier Gud:

*Dette er loven om **fredsofferet** som ofres til Herren. Dersom noen ofrer det til **takkoffer**, så skal han i tillegg til slaktofferet som bæres fram til **takkoffer**, ofre usyrede kaker med olje i og usyrede brødleiver smurt med olje, og fint mel knadd til kaker med olje i. Dette er den offergaven han skal bære fram i tillegg til det slaktofferet som bæres fram til **takkoffer** og **fredsoffer**, og dessuten syrede kaker.*

(Tredje Mosebok 7,11-13.)

Ved å ofre sin Sønn Jesus, har Gud Den Allmektige åpnet veien for oss slik at vi kan bli gjenforenet med ham gjennom troen, slik at vi får tilgivelse og evig liv:

*Da vi nå er rettferdiggjort av tro, **har vi fred med Gud** ved vår Herre Jesus Kristus.*

(Romerne 5,1.)

*For han [Jesus] er **vår fred**, han som gjorde de to til ett og brøt ned det gjerdet som skilte dem, fiendskapet, da han ved sitt kjød avskaffet den lov som kom med bud og forskrifter. Dette gjorde han for i seg selv å skape de to til et nytt menneske og **slik stifte fred**.*

(Efeserne 2,14-15.)

Når vi derfor ofrer **takksigelse** til Gud fra et takknemlig hjerte, blir det også mottatt som et **fredsoffer**. Men det må gis **frivillig** og ikke ofres under tvang:

*Og når dere ofrer **et takksigelsens offer** til Herren, **ofre det av din egen frie vilje**.*

(Tredje Mosebok 32,29 KJV.)

87

For å kunne forstå hvor viktig et takknemlig hjerte er for Gud, må vi se på Salme 118,19-20. På slutten av 1970-tallet var jeg i staben i *Orama*, et kristent samfunn med to hundre og femti medlemmer på Great Barrier Island, 160 kilometer utenfor New Zealands kyst. Hver arbeidsdag var det en andaktstid der medlemmene ble oppmuntret til å dele hva Herren hadde gjort i livene deres. En morgen hadde jeg lest Salme 118 på min private andaktstid, og vers 19 og 20 var av en eller annen uforklarlig grunn brent inn i min sjel.

Senere den samme morgenen, da vi hadde andaktstid i en gruppe, ba eldstebroren som ledet oss den dagen, om at man skulle dele det som lå oss på hjertet. Hjertet mitt banket. Jeg visste at det hadde noe å gjøre med de to skriftstedene som gikk rundt og rundt i hodet mitt, men jeg forsto dem ikke og ville ikke reise meg opp og dele det som jeg ikke forsto. Og hjertet mitt banket så hardt at jeg var overrasket over at ingen hørte det. Etter omtrent et minutt med stillhet sa eldstebroren: «Vil den personen hvis hjerte slår så hardt at det nesten brister, være så vennlig å reise seg opp og dele det Herren viser ham?» Jeg reiste meg opp og forklarte at hjertet mitt banket, men at jeg ikke forsto hvorfor, bortsett fra to vers fra Skriften som snurret og hvirvlet rundt i hodet mitt, og jeg delte versene. Men det tok flere år før disse versenes relevans kom og invaderte bevisstheten min. Jeg deler dem her:

*Åpne opp for meg **rettferdighetens porter**, slik at jeg kan gå inn gjennom dem **og gi takk til Herren. Dette er Herrens port.** De rettferdige skal gå inn gjennom den.*

(Salme 118,19-20 KJV.)

88

Rettferdighetens porter er **takknemlighet**. Vi går inn i disse portene når vi har hjerter som strømmer over av **takknemlighet** til Gud. Det er bare de rettferdige som går inn gjennom de **portene** og som gir **takk** (תודה – *todah*) – (**ikke** «*lovprisning*») til Herren. Se nå hva Herren sier til oss ved sin Ånd:

Dette er Herrens port. De rettferdige skal gå inn gjennom den.

Vi har gått fra *rettferdighetens* **porter** (flertall) (שערי-צדק) til entallsformen **Herrens port** (שער ליהוה). De **rettferdige** går gjennom **portene**, men de **takknemlige** går gjennom **Herrens port**. Takknemlighet **er** Herrens **port**. Tenk på disse ordene: **takknemlighet** er **porten inn til Guds hjerte**. Et takknemlig hjerte er nøkkelen til velsignelse og framgang. Når vi i sannhet er takknemlige til Gud for alt det som han er og alt som han har gjort, har vi åpen adgang inn til Guds hjerte. Og han gir oss mer av alt, for han er sikker på at vi vil være takknemlige og si «takk» for alt det han gjør for oss og for alt han gir oss.

Begrepet takknemlighet overfor Herren blir overført fra Det gamle testamentes skrifter til Det nye testamente, og det fastsatte problemet med at man tolker «*lovprisning*» istedenfor «*takksigelse*» blir også overført til Det nye testamente:

*La oss derfor ved ham alltid bære fram **lovprisningsoffer** til Gud, det er frukt av lepper som priser hans navn.*

(Hebreerne 13,15.)

Det greske ordet som blir oversatt med «*lovprisning*» i verset ovenfor, finnes ikke noen andre plasser i Det nye testamente. Det er et ord som bare finnes en gang –

αίνέσεως (*ainesis*). Greske ordbøker bemerker at ordet betyr lovprisningens handling, men «(spesielt) et takk-(offer)». *Tyndale Commentary* sier om dette ordet: «Det er en fundamental forskjell i den typen offer som blir ofret, for der Kristus ofret seg selv, skal den troende ofre et takksigelsens offer til Gud. Denne tanken om **takksigelse** forekommer ofte i Det nye testamente og kan faktisk betraktes som **normen for kristne**. Spesielt karakteristisk er tanken om at dette offeret burde ofres kontinuerlig – διά παντύς (*dia pantos*) – i sterk kontrast med den en gang for alle karakteren i Kristi offer.»

Kommentatoren anerkjenner at dette ordet som blir brukt en gang, betyr «**takksigelse**» mer enn «*lovprisning*». Hvorfor kan ikke oversettere forstå dette og oversette deretter? Tradisjoner!

Jeg er helt enig med Tyndales kommentator om at det er «en fundamental forskjell i den typen offer som blir ofret». Det er αίνov (*ainos*) «*lovprisning*», og det er εύχαριστοῦντες (*eucharisteo*), som er «*takk*». Og i vårt skriftsted fra Hebreerne har vi αίνέσεως (*ainesis*), som er mer enn «*lovprisning*» og mer enn «*takk*». Det er αίνέσεως (*ainesis*), et spesielt «**takk-offer**». Poenget er at vi skal «alltid bære fram **takkoffer**» til Gud, **frukten** av hjertene våre.

Vi blir hele tiden oppfordret til å gi takk til Gud:

*Og **alltid takker** Gud og Faderen **for alle ting** i vår Herre Jesu Kristi navn.*

(Efeserne 5,20.)

Vi får vite at vi ikke skal bekymre oss om noe, men at vi skal la våre behov bli kjent for Gud med **takksigelse**.

90

*Vær ikke bekymret for noe, men la i alle ting deres bønneemner komme fram for Gud i påkallelse og bønn **med takk**.*

(Filipperne 4,6.)

Spontan, hjertelig **takkebønn** (Efeserne 5,4) er en nødvendig del av et fullt og helt liv som troende og som en prest for Herren.

Det virker som om noen troende er mer velsignet enn andre. Og jeg tror at det er trygt å identifisere denne gruppa med dem som i sannhet har takknemlige hjerter, og når Herren gir dem noe, er de rikelige i sin takknemlighet. Da virker det som om Herren sier: «For et godt barn! Her får du mer!»

Som vi har sett, pleier ikke menighetens medlemmer å «*tilbe*» på den bibelske måten, så dermed burde vi endre på gangen i menighetsmøtene og gjøre mer rom for tid med sann «*takksigelse og lovprisning*».

Kjære Herre!

Hjelp oss, Herre, med å dyrke et **takknemlig** hjerte. La oss få ofre sann **takksigelse** for alt det som settes på bordet under måltidene. Vi husker at da Jesus takket for brødet og fiskene som han delte med flere tusen, at han gjorde mye mer enn å bare si «takk». Han **velsignet** maten, og det greske ordet som blir brukt for «***velsignet***», er εὐλόγησε (*eulogeo*), og herfra får vi ordet *eulogi*, som betyr «å tale vel om». Må vi lære fra vår Herre å tale vel om overfloden av mat som vi ofte tar for gitt. La oss på samme måten dyrke et **takknemlig** hjerte for alt det som kommer vår vei av gods og klær.

All god gave og all fullkommen gave kommer ovenfra, fra lysenes Far. *Hos ham er ingen forandring eller skiftende skygge.*

91

(Jakob 1,17.)

Må vi lære hva «**takknemlighet**» faktisk betyr. Amen!

Borte fra kroppen

Det følgende emnet er nødt til å bli omstridt for noen lesere, og i forskjellige kretser vil sikkert noen reise bust. Men som jeg sa i avslutningen av et tidligere kapittel, må leserne gjøre sin egen bedømming i overensstemmelse med de skriftstedene som blir presentert. Leserne burde provosere sine egne hjerner til å tenke rasjonelt angående det som de ofte aksepterer veldig lett uten å tenke gjennom det.

Jeg vil klargjøre helt i begynnelsen at jeg bare presenterer bibelske fakta slik jeg forstår dem, og jeg prøver ikke å fremme en doktrine. Jeg foreslår absolutt at leserne etteraper folket i Berøa som *gransket hver dag i Skriftene om det forholdt seg slik som det ble sagt* (Apostlenes gjerninger 17,11). Det er ofte en vanskelig og ensom oppgave å presentere sannheter som andre kanskje ikke vil høre.

Det finnes skarer av troende som har fått et glimt av himmelen eller helvete, og mange har fått trøst av at de har sett slektinger som har gått bort. Jeg vil påstå at disse begivenhetene var visjoner, ikke faktiske hendelser, men som virket som om det skjedde i det virkelige livet. Jeg har hatt privilegiet å få se to syner,

93

og begge gangene var jeg forbløffet over at de var så fantastisk realistiske, så realistiske at jeg flere tiår senere kan huske nesten hver eneste detalj. Vår nådige Gud gir oss visjoner for å advare, trøste, undervise eller bare for å vise oss at verden bortenfor vår egen, er veldig, veldig virkelig. Apostelen Paulus skriver om en opplevelse som han hadde:

Men jeg kommer nå til syner og åpenbaringer fra Herren. Jeg kjenner et menneske i Kristus – **om han var i legemet, vet jeg ikke, Gud vet det** – *en som for fjorten år siden ble rykket like inn i den tredje himmel. Jeg kjenner dette menneske* – **om han var i legemet eller utenfor legemet, vet jeg ikke, Gud vet det**. *Han ble rykket inn i* **Paradis** *og hørte usigelige ord, som det ikke er tillatt for et menneske å tale.*

(Andre Korinterne 12,1-4.)

For Paulus var visjonen så virkelig at han ikke visste om han var i eller utenfor kroppen sin. Apostelen Peter hadde en lignende opplevelse:

Og se, en Herrens engel stod der, og et lys skinte i fangerommet. Han støtte Peter i siden og vekket ham opp og sa: Skynd deg og stå opp! Og lenkene falt av hans hender. Og engelen sa til ham: Spenn beltet om deg og ta skoene på! Han gjorde så. Og han sier til ham: Kast kappen om deg, og følg meg! Han gikk da ut og fulgte ham. Han **forstod ikke at det som engelen gjorde, var virkelig, men trodde at han så et syn**.

(Apostlenes gjerninger 12,7-9.)

Det finnes **tre personer** i Bibelen som ikke har dødd slik dødelige mennesker vanligvis gjør det. To av disse, Moses og Elia, var sammen med Jesus da Guds Sønn ble forklaret på toppen av Taborfjellet. Peter, Jakob og

Johannes så at de tre snakket sammen og ville bygge tre hytter der, en til Jesus, en til Moses og en til Elia (Matteus 17,4).

Den tredje personen var Enok, som vandret med Gud og som Gud forvandlet direkte fra den fysiske verden til den åndelige verden (Første Mosebok 5,24).

Bibelen forteller oss at Moses døde i Guds nærvær på fjellet Nebo (som senere ble kalt for Pisgah), og ved å forklare om mangelen på en kropp, lærer vi at Gud begravet ham og at ingen vet hvor den graven er (Femte Mosebok 34,6).

Vi leser også at Elia ble tatt opp av en virvelvind til himmelen (Andre Kongebok 2,11). Dermed har vi tre gudsmenn som gikk direkte fra denne fysiske verden til den åndelige verden – inn i himmelen. Men disse fortellingene er langt fra normen, og det er ganske dumt å bruke disse som en basis for den kristne oppfatningen om at en kristen ved sin død blir rykket direkte inn i Herrens nærvær. Det virker ikke som om Bibelens fortellinger støtter en slik doktrine.

Vi må kvitte oss med tradisjonen og gå videre ved å granske alle skriftsteder om døden, oppstandelsen og inngangen til herligheten hvis vi skal komme fram til et mer definitivt svar på det som skjer ved døden.

Den store apostelen Paulus skrev til korinterne noe som siden den gang er blitt et mantra for mange troende:

Vi er altså frimodige, og vil heller være **borte fra legemet og hjemme hos Herren.**

(Andre Korinterne 5,8.)

Paulus skrev en hel del om kroppen, det «*teltet*» som vi lever i. og ønsket om å legge av seg dette «*teltet*» for et permanent hjem i himmelen. Men vi må tenke nøye

95

over alt det han skrev om dette emnet. Før vi gjør det, kan vi gå tilbake til der Herren talte direkte til en av tyvene som var korsfestet sammen med ham selv, noe som mange millioner senere har grepet tak i som en livbøye ved et skipbrudd uten å ha tenkt så mye over det i det hele tatt:

*En av ugjerningsmennene som hang der, spottet ham og sa: Er ikke du Messias? Frels deg selv og oss! Men den andre tok til orde og irettesatte ham og sa: Frykter du ikke engang for Gud, du som er under den samme dom? Og vi med rette, for vi får det vi fortjener etter våre gjerninger. Men han har ikke gjort noe galt. Og han sa: Jesus, **kom meg i hu når du kommer i ditt rike**. Og han sa til ham: Sannelig **sier jeg deg: I dag skal du være med meg i Paradis!***

(Lukas 23,39-43.)

Den setningen som Jesus talte til tyven, er blitt brukt for å underbygge troen på en begivenhet selv om det er helt åpenbart at det ikke skjedde den dagen. Den falske oppfatningen er at både Jesus og tyven kom inn i *Paradis* (himmelen) den dagen, men det kan umulig ha skjedd. Det er å klamre seg til halmstrå. Det er plasseringen av et komma som har ført til en slik tro, men det finnes ikke noe komma i den klassiske greske teksten. Men i den moderne greske teksten har man plassert et komma **før** ordet «i dag» ganske enkelt fordi tradisjonen krever dette. Tyven ba Jesus om å **huske** ham **«når du kommer inn i ditt rike»**. Den angrende tyven hadde ingen forventninger om å komme til himmelen den dagen. Han ba ganske enkelt Jesus om å **huske** ham når han ville innta sin trone.

96

Nesten helt på slutten av da jeg skrev om dette emnet, rådførte jeg meg med åtte fornemme kommentarer for å se hva de hadde kommet fram til, og det var ingen konsensus å finne. En kommentar fra det attende århundre, en britisk metodistpredikant, eksploderte tilsynelatende over muligheten for at «menn av stor lærdom og evner» forsøker å plassere et komma etter σημερον (*i dag*), som betyr at han ikke engang vurderte det faktum at Jesus **steg ned** etter døden, ikke **steg opp** til *Paradis* (et persisk ord som betyr «hage innenfor en mur»). En kommentator ga uttrykk for oppfatningen om at tyven var «rede for en lang forsinkelse» før Jesus ville innta sin trone. Andre bare gikk rundt grøten med den åpenbart varme religiøse poteten. De ville ikke forplikte seg verken den ene eller den andre veien fordi emnet er så kontroversielt. Men la oss se logisk på noen fakta som kan fordrive manges falske forhåpninger:

En ond og utro slekt krever tegn, men tegn skal ikke gis den, **uten Jonas-tegnet.**

(Matteus 16,4.)

For **likesom Jonas var tre dager og tre netter i storfiskens buk, slik skal Menneskesønnen være tre dager og tre netter i jordens hjerte.**

(Matteus 12,40.)

Jesus var tre dager og netter i hjertet av jorda, i den nedre verden, de dødes underverden. Noen omtaler dette som «*helvete*». Det kan ikke på noen som helst måte betraktes som «*Paradis*». Det faktum at Jesus var død og steg ned i jordas hjerte i tre dager og netter, er en av de grunnleggende sannhetene i kristendommen. Jesus oppstod ikke fra de døde før den tredje dagen.

*Og han sa til dem: Så står skrevet at Messias måtte lide og **oppstå fra de døde den tredje dag.***

(Lukas 24,46.)

*Ham **oppreiste Gud på den tredje dag** og lot ham åpenbare seg.*

(Apostlenes gjerninger 10,40.)

*Men fredens Gud, han som i kraft av en evig pakts blod **førte** fårenes store hyrde, **vår Herre Jesus, opp fra de døde**, må han gjøre dere dyktige til alt godt.*

(Hebreerne 13,20-21.)

Jesus ble oppreist på den tredje dagen, men i løpet av de dagene ble ikke Jesus i graven. Han **steg ned** i den nedre verden, de dødes områder, og det var derfra som Jesus **steg opp**, og derfor har vi:

*Hvem skal fare ned i avgrunnen? – det vil si, **for å hente Kristus opp fra de døde**.*

(Romerne 10,7.)

*Men dette: **Han for opp!** – hva er det uten at **han først steg ned til jordens lavere deler**?*

(Efeserne 4,9.)

Jesus fortalte den angrende tyven at han **skulle være sammen med ham i Paradis**, men etter å ha sagt dette, **steg Jesus ned** i den nedre verden og **oppsto ikke igjen på tre dager**, og det betyr at det må ha vært umulig at den angrende tyven var sammen med Jesus den samme dagen i *Paradis*. Dermed må det finnes en annen tolkning til det som Jesus sier, for den omvendte tyven gikk ikke rett til himmelen (*Paradis*) med Jesus.

Som med alle de døde, lever ånden fortsatt, og Jesus var veldig levende i ånden da han steg ned i den nedre verden – de dødes underverden – og forkynte evangeliet for innbyggerne der.

For også Kristus led en gang for synder, en rettferdig for urettferdige, for å føre oss fram til Gud, han som led døden i kjødet, men ble **levendegjort i Ånden**. *I denne gikk han også bort og* **prekte for åndene som var i varetekt**, *de som tidligere var ulydige.*

(Første Peter 3,18-20.)

For derfor ble **evangeliet forkynt også for døde, for at de vel skulle dømmes som mennesker i kjødet**, *men leve som Gud i ånden.*

(Første Peter 4,6.)

Tyven hadde omvendt seg og var blitt akseptert av Jesus. Jesus steg ned til «*helvete*» og ga evangeliet til innbyggerne der. Men den tidligere tyven ble ikke oppreist fra graven **før** Jesus ble det, så vi kan også utelukke det:

Messias … som **den første av de dødes oppstandelse**.

(Apostlenes gjerninger 26,23.)

Og han [Jesus] er … **den førstefødte av de døde**.

(Kolosserne 1,18.)

Fra Jesus Kristus, det troverdige vitne, **den førstefødte av de døde**.

(Åpenbaringen 1,5.)

Når vi nå har fastslått at Jesus ikke gikk inn i *Paradis* (vendte tilbake til himmelen) den dagen han ble korsfestet, og når vi også har fastslått at den tilgitte tyven ikke oppsto fra de døde før Jesus, må vi vurdere dødens tilstand og hva det innebærer. Med få unntak, så som Enok, Moses og Elia, skjer det at alle hvis hjerter slutter å slå og lunger ikke lenger bærer oksygen inn i blodomløpet, blir mennesker erklært som «*døde*» av profesjonelle leger, men det er ikke den bibelske definisjonen. Bibelen sier også meget klart at:

Og likesom det er menneskenes lodd en gang å dø, og **deretter** *dom.*

(Hebreerne 9,27.)

Og jeg så **de døde**, *små og store, stå for Gud, og bøker ble åpnet. Og en annen bok ble åpnet, som er livets bok.* **De døde ble dømt** *etter det som var skrevet i bøkene, etter sine gjerninger.*

(Åpenbaringen 20,12.)

Hvis en person derfor skal dømmes etter at han er død, da kan ikke den personen være død slik som vi forstår dette ordet. Det må nødvendigvis være en tilstand mellom *død* og *dom*. Det nye testamente forklarer ugjenkallelig for oss at det er **ingen fordømmelse for dem som er i Kristus Jesus** (Romerne 8,1). Men Jesus sa tydelig at de som ikke tror på ham, allerede er **døde** mens de fortsatt puster:

Men Jesus sa til ham: Følg du meg, og **la de døde begrave sine døde**.

(Matteus 8,22.)

Judas går enda lengre. Han snakker om tidligere medlemmer av menigheten som har gått tilbake til verden som at de er «**to ganger døde**» (Judas 12). Og alle dem som ikke har et intimt, personlig og levende forhold til Herren Jesus Kristus, vil se døden i ansiktet **for andre gang**:

Den som har øre, han høre hva Ånden sier til menighetene: Den som seirer, skal slett ikke rammes av **den annen død**.

(Åpenbaringen 2,11.)

Salig og hellig er den som **har del i den første oppstandelse. Over dem har den annen død ingen**

100

makt. De skal være Guds og Kristi prester, og regjere med ham i tusen år.

(Åpenbaringen 20,6.)

Og døden og dødsriket ble kastet i ildsjøen. Dette er **den annen død: ildsjøen.**

(Åpenbaringen 20,14.)

Men de **feige** *og* **vantro** *og* **vanhellige** *og* **morderne** *og* **horkarene** *og* **trollmennene** *og* **avgudsdyrkerne** *og alle* **løgnere** *– deres del skal være i sjøen som brenner med ild og svovel.* **Det er den annen død.**

(Åpenbaringen 21,8.)

Så nå kommer vi tilbake og snakker om tilstanden mellom *død* og *oppstandelse,* mellom *død* og *dom,* mellom *den første død* og *den andre død.* I Bibelen blir denne tilstanden omtalt som «*søvn*». Noen ganger grep Jesus personlig inn og vekket unge og gamle opp fra sin «*søvn*», de som av mange var betraktet som «*døde*»:

Da han [Jesus] gikk inn i huset, lot han ingen bli med seg inn uten Peter, Johannes og Jakob, og barnets far og mor. Alle gråt og jamret over henne. Men han sa: Gråt ikke! Hun er ikke død, **hun sover.** *Og de lo av ham,* **for de visste at hun var død.** *Men han tok henne ved hånden og ropte: Barn, stå opp! Og* **hennes ånd vendte tilbake.** *Hun reiste seg straks opp, og Jesus bød dem gi henne noe å spise.*

(Lukas 8,51-55.)

Dette talte han. Deretter sier han til dem: Vår venn **Lasarus er sovnet inn,** *men* **jeg går for å vekke ham.** *Disiplene sa da til ham: Herre,* **hvis han er sovnet, da blir han frisk igjen.** *Jesus* **hadde talt om hans død,** *men de tenkte at han* **talte om vanlig søvn.** *Da sa Jesus rett ut til dem:* **Lasarus er død!**

101

(Johannes 11,11-14.)

Og da han hadde sagt dette, ropte han med høy røst: **Lasarus, kom ut!** *Da kom* **den døde** *ut, ombundet med liksvøp på føtter og hender, og om hans ansikt var bundet en svetteduk. Jesus sier til dem: Løs ham og la ham gå!*

(Johannes 11,43-44.)

Apostelen Paulus skriver til de kristne i Korint og nevner at noen av de disiplene som hadde sett Jesus etter oppstandelsen, hadde *sovnet inn* (døde):

For jeg overgir dere blant de første ting det som jeg selv mottok: At Kristus døde for våre synder etter Skriftene, og at han **ble begravet**, *og at han* **oppstod på den tredje dag** *etter Skriftene, og at han ble sett av Kefas, deretter av de tolv.* **Deretter ble han sett av mer enn fem hundre brødre på en gang.** *Av dem lever de fleste ennå, men* **noen er sovnet inn**. *Deretter ble han sett av Jakob, deretter av alle apostlene. Men sist av alle ble han sett av meg som det ufullbårne forster.*

(Første Korinterne 15,3-8.)

Så det bibelske uttrykket for dem som er *døde*, er at de «*sover*». Dette gjelder ikke bare i Det nye testamente. Det gamle testamente viser oss det samme. Kong Saul fryktet for fiendene sine og kledde seg ut, gikk til et medium og ba henne om å tilkalle profeten Samuel fra de døde, og hun gjorde det:

Og Samuel sa til Saul: **Hvorfor har du uroet meg og hentet meg opp?** *Saul svarte: Jeg er i stor trengsel. Filistrene strider mot meg, og Gud er veket fra meg og svarer meg ikke mer, verken ved profeter eller ved drømmer.* **Så kalte jeg på deg**, *for at du skulle la meg vite hva jeg skal gjøre.*

102

(Første Samuelsbok 28,15.)

Her ser vi at Samuel beskriver at han blir tilkalt som at han ble **uroet** fra sin søvn. Det å påkalle de døde var en styggedom i Herrens øyne, og han befalte:

*Det skal ikke finnes noen hos deg som lar sin sønn eller datter gå gjennom ilden. Heller ikke noen som gir seg av med spådomskunster, eller som spår av skyene eller tyder varsler eller er en trollmann. Heller ikke noen heksemester, ingen som spør etter en dødningemaner, ingen spåmann, **ingen som gjør spørsmål til de døde**. For hver den som gjør slikt, er en styggedom for Herren. Og for disse motbydelige tings skyld er det Herren din Gud driver dem bort for deg.*

(Femte Mosebok 18,10-12.)

Folk er ikke «døde», de bare **sover**, og de skal alle vekkes opp igjen. Både Det gamle og Det nye testamente lærer dette:

*Og de mange som **sover** i jordens muld, skal våkne opp, **noen til evig liv, noen til skam og evig avsky**.*

(Daniel 12,2.)

*For den time kommer da **alle de som er i gravene** skal høre hans [Jesu] røst. Og de skal komme ut – de som har gjort det gode, **til livets oppstandelse**, men de som har gjort det onde, **til dommens oppstandelse**.*

(Johannes 5,28.)

Og når skal denne oppstandelsen finne sted? **På den store dag:**

*Og dette er hans vilje som har sendt meg, at jeg ikke skal miste noe av alt det han har gitt meg, men **oppreise det på den store dag**.*

(Johannes 6,39.)

*For dette er min Fars vilje, at hver den som ser Sønnen og tror på ham, skal ha evig liv. Og jeg skal oppreise ham **på den siste dag**.*

(Johannes 6,40.)

*Den som eter mitt kjød og drikker mott blod, har evig liv. Og jeg skal oppreise ham **på den siste dag**.*

(Johannes 6,54.)

*Ingen kan komme til meg uten at Faderen som har sendt meg, drar ham. Og **jeg skal oppreise ham på den siste dag**.*

(Johannes 6,44.)

*Jesus sier til henne [Marta]: Din bror **skal oppstå!** Marta sier til ham: Jeg vet at han skal oppstå **i oppstandelsen på den siste dag**. Jesus sa til henne: Jeg er oppstandelsen og livet. Den som tror på meg, **skal leve om han enn dør**. Og hver den som lever og tror på meg, **skal aldri i evighet dø**.*

(Johannes 11,23-26.)

Når er **den siste dagen** for de sanne troende? Skriften antyder at det er ved Kristi gjenkomst:

*Men nå er Kristus oppstått fra de døde og er blitt første-grøden av **dem som er sovnet inn**. For ettersom døden kom ved et menneske, så er også de dødes oppstandelse kommet ved et menneske. For likesom **alle dør i Adam, slik skal også alle bli gjort levende i Kristus**. Men hver i sin egen avdeling. Kristus er førstegrøden. **Deretter skal de som hører Kristus til, bli gjort levende ved hans komme**.*

(Første Korinterne 15,20-23.)

Alle dem som tilhører Kristus, vil bli oppreist ved hans gjenkomst, men ikke oppreist til hvordan den tidligere kroppen var. Folk «**visste**» at Jairus' tolv år gamle datter var *død*, det står at det skjedde noe i det øyeblikk som Jesus sa: «*Barn, stå opp!*» *Og **hennes ånd vendte tilbake**. Hun reiste seg straks opp.* (Lukas 8,54-55.) Når det gjelder Lasarus, ropte Jesus: «***Lasarus, kom ut!***» Da kom Lasarus ut (Johannes 11,43-44). Da Jesus hadde medlidenhet med enken i Nain som hadde mistet sin eneste sønn, rørte han ved kisten hennes og sa: *Unge mann, jeg sier deg: Stå opp! Da satte den døde seg opp og begynte å tale.* (Lukas 7,14-15.)

De tre eksemplene ovenfor (det var antagelig mange flere) viste at **døde** kom tilbake til livet på jorda i sine egne kropper. Men når Jesus skal kalle alle de som sover (**døde**) ut av gravene sine, vil det ikke bli til et liv på jorda, og de vil ikke bli oppreist i sine gamle kropper. I Bibelen kunne englene dukke opp og forsvinne ettersom de ville det, og Jesus sa at vi skal være **som Guds engler i himmelen** (Matteus 22,30). Jesus bare dukket opp i rom og spiste **fisk** og **honningkake** (Lukas 24,42), og han var ikke bare Ånd, for han sa til disiplene sine:

Se mine hender og mine føtter, at det er meg selv! **Rør ved meg og se! For en ånd har ikke kjøtt og ben**, *slik dere ser at jeg har.*

(Lukas 24,39.)

Og forteller ikke Skriften oss:

*Mine kjære, nå er vi Guds barn, og det er ennå ikke åpenbart hva vi skal bli. Vi vet at når han åpenbares, da skal **vi bli ham like, for vi skal se ham som han er**.*

(Første Johannes 3,2.)

*Men vi har vårt hjemland i himmelen. Derfra venter vi også **Herren Jesus Kristus som frelser. Han skal***

105

forvandle vårt fornedringslegeme og gjøre det likt med sitt herlighetslegeme.

(Filipperne 3,20-21.)

Apostelen Paulus gir oss mye mer informasjon som vi kan tenke på, om hva vi skal være og hvordan det vil skje:

*Men en kunne si: Hvordan oppstår de døde? Hva slags legeme trer de fram med? Du dåre! **Det du sår, får ikke liv uten at det dør.** Og **det du sår, er ikke det legemet som skal bli**, men et nakent korn – om det nå er av hvete eller av et annet slag. Men **Gud gir det et legeme slik han vil, hvert frøslag får sitt eget legeme**.*

Ikke alt kjøtt er av samme slag. Ett slag er i mennesker, et annet i fe, et annet i fugl og et annet i fisk.

Og det finnes himmelske legemer og jordiske legemer. De himmelske legemer har en glans, de jordiske en annen. En glans har solen, en annen månen, og en annen stjernene – stjerne skiller seg fra stjerne i glans.

***Slik er det også med de dødes oppstandelse.** Det blir sådd i forgjengelighet, det oppstår i uforgjengelighet. Det blir sådd i vanære, **det oppstår i herlighet**. Det blir sådd i svakhet, **det oppstår i kraft**. Det blir sådd et naturlig legeme, **det oppstår et åndelig legeme**. Så sant det finnes et naturlig legeme, finnes det også et åndelig legeme. Slik står det også skrevet: Det første mennesket, Adam, ble til en levende sjel. Den siste Adam ble til en ånd som gir liv.*

Men det åndelige er ikke det første, men det naturlige, og deretter det åndelige. Det første mennesket var av jorden, jordisk. Det andre mennesket er av himmelen. Som den jordiske var, slik er også de

106

*jordiske. Og som den himmelske er, slik skal også de himmelske være. Og likesom vi har båret bildet av den jordiske, så skal vi også **bære bildet av den himmelske**.*

*Men det sier jeg, brødre: Kjøtt og blod kan ikke arve Guds rike. Heller ikke skal forgjengelighet arve uforgjengelighet. Se, jeg sier dere en hemmelighet: **Vi skal ikke alle sovne inn**, men vi **skal alle bli forvandlet**, i ett nu, i et øyeblikk, **ved den siste basun**. For basunen skal lyde, og **de døde skal oppstå uforgjengelige**, og vi skal bli forvandlet.*

(Første Korinterne 15,35-52.)

Vi kommer til slutt tilbake til Paulus' «*telt*», den jordiske kroppen som er nevnt i begynnelsen av dette stykket. Kroppen er beskrevet som et «*telt*» fordi det er en midlertidig bolig. Den permanente boligen vil komme med *oppstandelsen*. Peter bruker også ordet «*telt*» som et bilde på denne kroppen og at han snart vil forlate den (lide martyrdøden):

*Jeg mener det er riktig å holde dere våkne ved å minne dere om dette, **så lenge jeg er i legemets telt**. Jeg vet jo at **det snart skal legges bort** – det har vår Herre Jesus Kristus latt meg vite.*

(Andre Peter 1,13-14, 1978.)

Paulus forklarte at kroppen, **vårt jordiske hus**, er et «*telt*», og at hvis det blir ødelagt, så har vi en bygning hos Gud, et hus som ikke er laget av hender, som er evig i himmelen. Og så forteller Paulus oss at han lengter etter å bli kledd i sitt permanente hus fra himmelen, og at han ikke vil bli funnet «**naken**», i tilstanden mellom døde og oppstandelsen. Han **vil ikke være avkledd, men ha nye klær, slik at dødeligheten kan bli oppslukt av livet**. Med andre ord lengter Paulus etter det som kalles

107

for bortrykkelsen, når dødeligheten vil bli oppslukt av det evige livet:

*Vi vet jo at om **det telt vi lever i på jorden** blir brutt ned, så har vi en bygning som er av Gud, et hus som ikke er gjort med hender, evig i himmelen. Og mens vi er her, sukker vi, fordi vi lengter etter å bli overkledd med vår bolig fra himmelen. For så sant **vi er ikledd den, skal vi ikke bli funnet nakne. Vi som er i denne hytte, sukker** under byrden. For **vi vil ikke bli avkledd, men overkledd, for at det dødelige skal bli oppslukt av livet.**
(Andre Korinterne 5,1-4.)*

Paulus belyser dette enda mer. Hans største ønske er å bli rykket bort fra denne kroppen for å være med Herren for evig. Han ønsker seg så høyt det som så mange av oss vil ha – en Enok-opplevelse!

*Derfor er vi alltid frimodige, selv om vi vet at **så lenge vi er hjemme i legemet, er vi borte fra Herren.** For vi vandrer i tro, ikke i beskuelse. Vi er altså frimodige, og vil **heller være borte fra legemet og hjemme hos Herren.***
(Andre Korinterne 5,6-8.)

Paulus gjør det helt klart at de som lever når Jesus vender tilbake, de vil ikke komme til himmelen (*Paradis*) **før dem som sover**. Vi skal alle reise sammen:

*For dette sier vi dere med et ord av Herren: **Vi som lever og blir tilbake inntil Herren kommer, skal aldeles ikke komme i forveien for dem som er sovnet inn.** For Herren selv skal komme ned fra himmelen med et bydende rop, med overengels røst og **med Guds basun, og de døde i Kristus skal først oppstå.** Deretter skal vi **som lever, som er blitt tilbake, sammen med dem***

108

*rykkes opp i skyer, opp i luften, **for å møte Herren. Og så skal vi for alltid være sammen med Herren.** Trøst da hverandre med disse ord.*

*Men om tider og tidspunkt, brødre, trenger dere ikke til at noen skriver til dere. **Dere vet jo selv godt at Herrens dag kommer som en tyv om natten.** Når de sier: Fred og ingen fare! – da kommer en brå undergang over dem. **Den kommer som veer over en kvinne som skal føde**, og de skal slett ikke slippe unna.*

(Første Tessaloniker 4,15-5,3.)

«Men», sier du kanskje, «det finnes et skriftsted der det står at Jesus vil vende tilbake og ta med seg de kristne som er døde med ham». OK, la oss nå se på det skriftstedet. Det sier ikke det som oversetterne vil at vi skal tro:

*Må Herren gi dere rikdom og overflod av kjærlighet både til hverandre og til alle, likesom vi har til dere, slik at han kan styrke deres hjerter til å være ulastelige i hellighet for vår Guds og Fars ansikt **når vår Herre Jesus kommer med alle sine hellige**.*

(Første Tessaloniker 3,12-13.)

Det ordet som er oversatt med «*hellige*», er det greske ordet ἁγίων (*hagios*), som står i flertall og betyr «hellig».

Bibeloversettelsen NASB bemerker at et alternativ til oversettelsen «*saints*» på engelsk, er «*de hellige*», mens NIV oversetter det korrekt som «*de hellige*» med en kryssreferanse til dette skriftstedet:

For det er i sannhet rettferdig av Gud å gi trengsel til gjengjeld for dem som fører trengsel over dere, men dere som lider trengsel, skal han gi ro sammen med oss.

109

*Dette skal skje når Herren Jesus åpenbarer seg fra himmelen med **sin makts engler**.*

(Andre Tessaloniker 1,6-7.)

I Matteus kan vi lese:

*Men når Menneskesønnen kommer i sin herlighet, **og alle englene med ham**.*

(Matteus 25,31.)

Slik står det også i den hebraiske oversettelsen av Det nye testamente. Vi må også tilføye to andre vers fra Matteus:

*For Menneskesønnen skal komme i sin Fars herlighet **med sine engler**, og da skal han gi enhver igjen etter hans gjerning.*

(Matteus 16,27.)

*Han skal **sende ut sine engler med veldig basunklang**, og de skal samle hans utvalgte **fra de fire vindretninger, fra himmelens ene ende til den annen**.*

(Matteus 24,31.)

*For den som skammer seg over meg og mine ord i denne utro og syndige slekt, ham skal også Menneskesønnen skamme seg ved når han kommer i sin Fars herlighet **med de hellige engler**.*

(Markus 8,38.)

Så hvordan kan vi da forklare Hebreerne 12,1, et skriftsted som mange kristne holder fast ved?

Så la oss derfor, da vi har en så stor sky av vitner omkring oss, legge av alt som tynger, og synden som henger så fast ved oss, og løpe med tålmodighet i den kamp vi har foran oss.

(Hebreerne 12,1.)

Hvem er disse vitnene? De er beskrevet i Hebreerne kapittel 11. De er vitner om sin «*tro*». De ser ikke ned

110

på oss fra en balkong. Nøyaktig hva er det som Hebreerne 11 forteller oss?

Ved **tro** *bar Abraham fram Isak som offer da han ble satt på prøve ... enda det var blitt sagt til ham: I Isak skal det nevnes deg en ætt.*

Ved **tro** *var det også Isak velsignet Jakob og Esau, med syn på det som skulle komme.*

Ved **tro** *velsignet den døende Jakob hver av Josefs sønner. Og han tilbad, bøyd over knappen på sin stav.*

Ved **tro** *holdt Moses' foreldre barnet skjult i tre måneder etter hans fødsel.*

Ved **tro** *nektet Moses, da han var blitt stor, å kalles sønn av Faraos datter.*

Ved **tro** *gikk de gjennom Rødehavet som over tørt land. Men da egypterne prøvde på det, druknet de.*

Ved **tro** *falt Jerikos murer, da israelittene hadde gått omkring dem i sju dager.*

Ved **tro** *unngikk skjøgen Rahab å gå til grunne sammen med de vantro, fordi hun tok imot speiderne med fred.*

Og hvorfor taler jeg lenger? Tiden ville ikke strekke til om jeg skulle fortelle om **Gideon**, **Barak**, **Samson**, **Jefta**, **David** *og* **Samuel** *og* **profetene**. **Ved tro** *seiret de over kongeriker, håndhevet rettferdighet, fikk løfter oppfylt, stoppet gapet på løver, slokket ildens kraft, slapp unna sverdets egg, fikk styrke etter sykdom, ble veldige i krig, fikk fienders hærer til å vike.*

Kvinner fikk sine døde igjen ved oppstandelse, men **andre ble pint til døde uten å ta imot utløsning, for at de kunne få del i en bedre oppstandelse.** *Andre igjen måtte tåle* **hån og hudstrykning**, *ja,* **lenker og fengsel**. *De ble* **steinet**, **gjennomsaget**, **fristet**. *De* **døde for**

111

*sverd. De **flakket omkring i saueskinn og geiteskinn**, de **led nød**, hadde **trengsel** og fikk **hård medfart**. Verden var dem ikke verd. De **streifet omkring i ødemarker og fjelltrakter, og holdt til i grotter og jordhuler**.*

(Hebreerne 11,17-38.)

Og så kommer hovedpoenget:

*Og enda alle disse fikk vitnesbyrd for sin **tro, oppnådde de ikke det som var lovt. For Gud hadde forut utsett noe bedre for oss, for at de ikke skulle nå fullendelsen uten oss.***

(Hebreerne 11,39-40.)

Hebreerne kapittel 11 handler om tro:

*I **tro døde alle disse uten at de hadde oppnådd det som var lovt. Men de hadde sett det langt borte, og hilste det.** Og de bekjente at de var fremmede og utlendinger på jorden.*

(Hebreerne 11,13.)

Det kommer et klareringskall fra Jesus *på den siste dagen* (Johannes 6,40.44.54), og de vil bli oppvekket. For dem vil det være som å våkne fra en sunn, forfriskende søvn. De få heldige, som Enok, Moses og Elia, har gått forbi denne dødelige prosessen, men de som er på jorda når Jesu gjenkomst finner sted, vil oppleve det samme kallet oppover som de få heldige som vi nettopp har nevnt. Døden er ikke noe som vi skal være redd for. Når lyset i det fysiske livet begynner å svinne hen, kommer isteden det håpet som alle gjenfødte Guds barn har:

*Gud oppvakte Herren, og han **skal også oppvekke oss** ved sin kraft.*

(Første Korinterne 6,14.)

112

For om vi lever, så lever vi for Herren, og om vi dør, så dør vi for Herren. **Enten vi da lever eller dør, så hører vi Herren til.** *Derfor døde jo Kristus og ble levende igjen, for at han skulle være* **Herre over både levende og døde.**

(Romerne 14,8-9.)

Men dere er kommet til Sions berg, til den levende Guds stad, det himmelske Jerusalem, til englenes myriader, til høytids-skaren og **menigheten av de førstefødte som er oppskrevet i himlene**, *til en dommer som er alles Gud, og* **til de fullendte rettferdiges ånder.**

(Hebreerne 12,22-23.)

Vi som har et levende, personlig forhold til Herren Jesus Kristus, er allerede registrert i himmelen. Vi er oppskrevet som medlemmer av de førstefødte. Når Jesus vender tilbake, skal vi alle oppvekkes sammen, og det blir en menighet av troende *av hver stamme og tunge og folk og ætt* (Åpenbaringen 5,9). Vi vil alle få oppleve den samme gleden og euforien når vi ser ham som vi elsker samtidig. Og:

Han skal tørke bort hver tåre fra deres øyne. Og døden skal ikke være mer, og ikke sorg, og ikke skrik, og ikke pine skal være mer. For de første ting er veket bort.

(Åpenbaringen 21,4.)

Noen troende sørger over at de har mistet sine kjære barn. Men i Jobs bok finner vi et tydelig eksempel på at troende barn egentlig ikke er tapt, og dette burde gi oss ro og gjøre smerten lettere å bære:

I landet Us var det en mann som hette Job. Han var en uklanderlig og rettskaffen mann, som fryktet Gud og holdt seg fra det onde. **Han fikk sju sønner og tre døtre.** *Han eide* **sju tusen sauer og tre tusen kameler**

113

og fem hundre par okser og fem hundre eselhopper, *og han hadde en stor mengde tjenere. Han var mektigere enn alle Østens barn.*

(Job 1,1-3.)

De fleste leserne kjenner antagelig fortellingen om Job. Hvordan katastrofe fulgte katastrofe, som ble fulgt av totale katastrofer – inntil Job hadde mistet alt – eiendeler, barn og til og med sin egen helse. Heldigvis er ikke fortellingen over der. Vi hopper over førtien interessante kapitler og ser at mot slutten gjenopprettet *Gud Den Allmektige* Jobs formue:

Og Herren velsignet Jobs siste dager mer enn hans første. Han fikk **fjorten tusen sauer og seks tusen kameler og tusen par okser og tusen esler**. *Og han fikk* **sju sønner og tre døtre**.

(Job 42,12-13.)

Jobs formue ble gjenopprettet. Han fikk **dobbelt** så mange *sauer*, **dobbelt** så mange *kameler*, **dobbelt** så mange *okser* og **dobbelt** så mange *esler*. Men han fikk bare sju sønner og tre døtre igjen. Hvorfor var det slik? Fordi de opprinnelige sønnene og døtrene fryktet Gud (Job 1,5), og de gikk ikke fortapt. De *sov* i ånden og ventet på å bli oppvekket ved *oppstandelsen*. Husk dette:

Og Gud er **ikke de dødes Gud, men de levendes. For de lever alle for ham**.

(Lukas 20,38.)

Og gjør ikke Guds Hellige Ånd sorg, han som dere har **fått som segl til forløsningens dag**.

(Efeserne 4,30.)

Kjære Herre!
Hjelp oss med å se nøye på alle skriftsteder om døden

114

og oppstandelsen. Hjelp oss med å være fullt overbevist i våre egne sinn om de begivenhetene som må komme for nesten alle menn og alle kvinner som noensinne har gått her på jorda. Hjelp oss med å forstå at døden ikke er noe vi skal frykte. Det er en midlertidig overgang fra en tilstand til en annen. At elskede barn ikke går fortapt, at Gud i sin barmhjertighet og kjærlighet har noe bedre for oss enn det vi noensinne han forestille oss. Hjelp oss med å se framover med håp og forventninger og jage mot målet *til den seierspris som Gud har kalt oss til der ovenfra i Kristus Jesus* (Filipperne 3,14). Amen!

Jakob og Israel

Det er ofte blitt forstått at navnet «*Israel*» betyr «fyrste med Gud», men jeg tror ikke at dette er den eneste mulige tolkningen. «*Israel*» på hebraisk er ישראל (*Jisrael*), og i likhet med mange navn i Bibelen, består det av to deler. Det er sikkert og visst at שר (*sar*) betyr «fyrste» eller «regent», men var det dette som Gud Allmektig tenkte på da han ga Jakob det nye navnet Israel?

Praktisk talt alle bibellesere forstår at «*el*», den siste stavelsen i navnet *Israel*, betyr «*Gud*», men de fleste er ikke klar over at de første to stavelsene, «*Isra*», (*Jisra*), kommer rett fra det hebraiske ordet ישר (*Jishar*), som betyr «rett». Når vi setter de to delene av navnet sammen, ישר אל (når vi leser fra høyre mot venstre), er det lett å se at det danner ישראל (*Israel*).

Først må vi se på Jakobs fødsel:

Og Herren sa til henne: I ditt liv er det to folk, og fra ditt skjød skal to folkeslag skille seg at. Det ene folk skal være sterkere enn det andre, og **den eldste skal tjene den yngste.** *Da nå hennes tid var kommet og hun skulle føde, se, da var det tvillinger i hennes liv. Den første som kom fram, var rød og lodden som en kappe over*

117

hele kroppen. Og de kalte ham Esau. **Deretter kom hans bror fram. Hans hånd holdt fast i Esaus hæl, og de kalte ham Jakob.**

(Første Mosebok 25,23-26.)

Jakob (יעקב – *Jaakov*) kommer fra עקב (*akav*), det hebraiske ordet for «hæl». Dette er fordi han grep tak i Esaus hæl ved fødselen. Jakob (יעקב – *Jaakov*) betyr «den som strekker seg for langt», «fortrenger», «den som griper».

Jakob (יעקב – *Jaakov*) levde virkelig opp til navnet sitt. I sin ungdom utmerket han seg i å være både en fortrenger og i å gripe. Men han viste også at han hadde et hjerte for Gud Den Allmektige, og Gud ga ham løfter om velsignelse. Når Herren talte til Jakob (יעקב – *Jaakov*), satte han alltid opp en minnestein og salvet den:

Jakob stod tidlig opp om morgenen, og han tok den steinen han hadde lagt under hodet, og **reiste den opp som en minnestein. Han helte ut olje over toppen av steinen.**

(Første Mosebok 28,18.)

Og Jakob reiste en minnestøtte på det sted hvor han hadde talt med ham, **en minnestøtte av stein. Han øste ut drikkoffer på den og helte olje over den.**

(Første Mosebok 35,14.)

På et tidspunkt kjempet Jakob (יעקב – *Jaakov*) hele natten med et guddommelig vesen:

Jakob ble så alene tilbake. Da kom det en mann og kjempet med ham helt til morgenen grydde. Da mannen så at han ikke kunne overvinne ham, **rørte han ved hans hofteskål, og Jakobs hofteskål gikk av ledd mens han** *kjempet med ham. Og han sa: Slipp meg, for morgenen gryr!*

*Men Jakob sa: Jeg slipper deg ikke uten at du velsigner meg. Da sa han til ham: Hva er ditt navn? Han svarte: Jakob. Han sa: Du skal ikke lenger hete Jakob, men Israel, for **du har kjempet med Gud og med mennesker og vunnet**.*

(Første Mosebok 32,24-28.)

Så vi finner at Gud Den Allmektige sier til Jakob (יעקב – *Jaakov*) at han ikke lenger skal kalles for Jakob (יעקב – *Jaakov*) – «den som strekker seg for langt», «fortrenger», «den som griper», men Israel – (ישראל – *Jisrael*), «rettet ut av Gud». Det var hans velsignelse. Jakobs (יעקב – *Jaakov*) hofteskål var nå for alltid ute av ledd – han ville aldri gå på den samme måten igjen, og han inngikk ingen gripende avtaler og fortrengte ingen fra den dagen av. De ujevne kantene hans var nå blitt utjevnet. Jeg tror at Jakob (יעקב – *Jaakov*) ble til *Israel* ישראל (*Jisrael*), «rettet ut av Gud».

Når vi setter navnene Jakob (יעקב – *Jaakov*) og *Israel* (ישראל – *Jisrael*) inn i konteksten, har vi noe som opprinnelig var *krokete* og *ujevnt* som blir rettet ut og utjevnet av Gud. Jeg er av den oppfatning at Israel – (ישראל – *Jisrael*), like godt kunne ha betydd «rettet ut av Gud» som «fyrste med Gud». Og «rettet ut av Gud» stemmer overens med denne bibelske profetien:

*Hver dal skal heves, og hvert fjell og haug skal bli brakt lavt. De **krokete** plassene skal gjøres **rette**, og de **ujevne** plassene skal bli **jevne**.*

(Jesaja 40,4 KJV.)

Det er min oppfatning. Men den er ikke satt i stein.

Kjære Herre!

Jakob kjempet **med deg**, og som er resultat av det, hinket han for resten av livet. Hjelp oss med å kjempe **innfor deg** for sjeler og for at vi selv skal kunne *ikle oss det nye mennesket, som er skapt etter Gud i den rettferdighet og hellighet som er av sannheten* (Efeserne 4,24), slik at vi kan *vandre for ditt åsyn og være ustraffelige* (Første Mosebok 17,1), fordi vi selv er blitt **«rettet ut av Gud»**. Amen!

Be om fred for Jerusalem

Som jeg har skrevet andre steder, kan bønner som blir uttalt etter Guds vilje, utrette store ting. Men når det blir gjort utenfor hans vilje, vil det ikke utrette noe. Så når kristne *ber om fred for Jerusalem*, er de utenfor Herrens vilje, for Skriften har aldri befalt oss å gjøre dette. Ja, det er definitivt et vers i våre vestlige oversettelser der det står:

Be om fred for Jerusalem! *La det gå dem vel som elsker deg!*

(Salme 122,6.)

Jeg mener at dette er et ekstremt dårlig eksempel på en oversettelse av den hebraiske teksten. I tidligere kapitler har jeg sagt nok om tradisjoner og ukorrekte, villedende bibeloversettelser til å starte en hellig krig, og jeg vil ikke havne i kryssilden ved å røre ved et av de mest siterte og nesten hellige versene i Skriften, men en mann må gjøre det en mann må gjøre.

Be om fred for Jerusalem er en «tradisjonell» tolkning som er langt fra utgangspunktet. Det er, som man sier på jiddisk, en *bubbemeiser* – en bestemors fortelling. Det er en så stor del av menighetens tradisjoner at ingen bibelprodusent vil våge å forandre

121

på det nå selv om de vet hvordan de skal oversette det korrekt, og det i seg selv er tvilsomt, for de fleste oversetterne har ikke den nødvendige forståelsen for bakgrunnen til Salmene. I løpet av en periode på mange århundrer har bokstavelig talt millioner og millioner av kristne bedt om «fred for Jerusalem», men Jerusalem er blitt plyndret og ødelagt nittien ganger. Det er blitt sagt at «hvis blod var uutslettelig, ville Jerusalem være rødt, bare rødt».

Betyr dette at det ikke nytter å be? Selvfølgelig ikke! Det betyr at det å be om fred for Jerusalem, ikke er på Gud Den Allmektiges timeplan for denne dagen og timen, og det var heller ikke det i alle de tidligere tidsaldrene siden Davids og Salomos tid. Jeg vil forsøke å forklare dette, men leserne må være oppmerksomme på det jeg sier.

Det er ikke noe galt med den siste delen av Salme 122,6: «*La det gå dem vel som elsker deg.*» Det er helt korrekt. Men den første delen, når man leser fra høyre mot venstre på hebraisk, er: שאלו שלום ירושלם (*sjalu sjlom Jerusjalajim*). Det hebraiske ordet שאלו (*sjalu*) kommer fra verbet שאל (*sjaal*), og man burde aldri oversette det som «be» – aldri! Blant de ett hundre og sekstiåtte gangene som ordet שאל (*sjaal*) finnes i den hebraiske Skriften, var det kun i Salme 122,6 som de tidlige oversetterne valgte å oversette שאל (*sjaal*) med «be», og dette kan bare ha blitt gjort i uvitenhet over det teksten betydde. I alle andre tilfeller oversatte de שאל (*sjaal*) korrekt som «spør», «hilse», etc.

På den andre siden er det slik at det hebraiske ordet for å «*be*», er verbet פלל (*palal*), og alle de åttitre gangene som dette verbet forekommer i den hebraiske

Skriften, er det korrekt oversatt som «*be*» eller «*forbønn*». Så hva betyr alt dette? Svaret er ganske enkelt. De fleste leserne er klar over at שלום (*sjalom*) betyr «*fred*». De er også klar over at שלום (*sjalom*) er det ordet som israelerne bruker når de sier «hei» og «farvel». Når israelere treffer hverandre, hilser de hverandre med שלום (*sjalom*) – «*fred*». Og når de går fra hverandre, er det siste ordet de sier til hverandre også שלום (*sjalom*) – «*fred*».

Da Jesus åpenbarte seg for disiplene sine første gang etter oppstandelsen, sa han på hebraisk: «שלום לכם» (*sjalom lekhem*) – «fred være med dere». (Lukas 24,36, Johannes 20,19.21.26.) Etter at israelere har hilst hverandre med «*fred*», spør de hvordan du har det ved å si: «מה שלומך» (*ma sjlomkha*) – bokstavelig «hva er din fred». Ordet שלום (*sjlom*) er, som i Salme 122,6, ganske enkelt en forkortet uttalelse av שלום (*sjalom*).

Salme 120-134 blir kalt for festreisenes sanger, det vil si de salmene som man leste opp og sang da israelittene foretok sin lange, langsomme reise fra alle byer og landsbyer opp til Jerusalem til Herrens fastsatte høytider (se Andre Mosebok 23,14-17). Alle kunne ikke overholde budet om å komme til alle de tre høytidene, og det er mulig at Josef og Maria bare tok med seg Jesus til Jerusalem på påskefesten.

Hvert år drog hans foreldre til Jerusalem til påskefesten.

(Lukas 2,41.)

De som reiste opp til Jerusalem, fikk forpleining i byene og landsbyene langs veien, i hjemmene til mennesker som ikke skulle reise opp til festen det året. Da de satte av sted på reisen igjen, pleide vertene å si til gjestene sine: שאלו שלום ירושלם (*sjalu sjalom Jerusjalajim*) – som bokstavelig betyr «spør om fred for Jerusalem», men med dagens språk ville det være «si hei til Jerusalem» for meg. Kanskje dette hjelper oss med å forstå salmistens rop:

Glemmer jeg deg, Jerusalem, så la min høyre hånd glemme meg!

(Salme 137,5.)

Verset i Salme 122,6 burde derfor oversettes som: «**Hils Jerusalem!** *La det gå dem vel som elsker deg.*» Hvis leseren ønsker å be om fred for Jerusalem, er det bedre at han isteden ber Johannes sin bønn på slutten av Åpenbaringen: *Amen, ja kom, Herre Jesus.* (Åpenbaringen 22,20.) Freden kan bare komme til Jerusalem etter at Jesus vender tilbake for å regjere i byen sin – *den store konges stad* (Salme 48,3). Det finnes ikke noe annet scenario for Jerusalem.

Forresten: Man tror ofte at Jerusalem betyr «*fredens by*». Men hvis det er sant, hvorfor er byen blitt plyndret og ødelagt nittien ganger? Hvorfor er det fortsatt slik i 2017 at Israels fiender fortsetter med å drepe jødiske innbyggere med kniv eller skytevåpen, eller så kjører de kjøretøyer inn i grupper som venter på busstopp og trikkestopp? Kan det være at navnet betyr noe annet enn *fredens by*?

Jerusalem er på hebraisk stavet (fra høyre mot venstre) som ירושלים. Vi vet at Melkisedek var **Salems konge, det vil si: freds konge** (Hebreerne 7,2). Salem på hebraisk er שלם, og det er fra dette navnet som Jeru**salem** får sin «*fred*». Vi har slutten av Jerusalems navn som betyr «*fred*», og nå ser vi på de to første stavelsene: ירו (*jeru*), som betyr «vil se», og derfor må

ירושלם (Jerusalem) bety «*vi skal se fred*». Og den «*freden*» vil bare komme til Jerusalem når Herren Jesus Kristus inntar sin trone der.

Kjære Herre!

Ditt ord antyder at det vil gå vel med dem som elsker Jerusalem. La det bli slik! Hjelp oss med å be mot terror og ondskap i din hellige by, og må dine bønner utgjøre en mur av beskyttelse rundt den som har rett til å bo i denne juvelen av en by. Å Herre, vi vil så høyt at den permanente freden skal komme til Jerusalem, og derfor ber vi deg inderlig om at du skal sende oss *din enbårne Sønn* for at han skal kunne innta sin trone og regjere over folkeslagene. *Amen, ja kom, Herre Jesus!* (Åpenbaringen 22,20.) Amen!

Du er en ungdom

David, Isais sønn, som ble den mest berømte kongen i Israel, var faktisk en hyrde. Men det at han hadde det yrket, betydde ikke at han frøs fast i verken tid eller oppvekst, og det bevarte ham ikke som en ung gutt slik kristne tradisjoner ofte hevder.

Da David tok hånd om sin fars saueflokk, hadde han tidligere drept både løve og bjørn (Første Samuelsbok 17,36). Faktum er at da en løve tok et av lammene hans, *tok jeg den i skjegget og slo den og drepte den* (Første Samuelsbok 17,35). Høres det ut som en veldig ung mann, som ikke er så mye eldre enn en gutt?

Da kong Saul ble plaget av en ond ånd, ville han ha noen som kunne spille musikk og roe ham ned:

Da sa Saul til sine tjenere: Ja, finn en mann som spiller godt, og før ham hit til meg!

*En av de unge menn svarte og sa: Se, jeg har sett en sønn av Isai fra Betlehem **som er kyndig i å spille. Han er en djerv mann og en stridsmann**. Han er god til å tale for seg og er en vakker mann. Og Herren er med ham.*

127

Da sendte Saul bud til Isai og sa: Send til meg din sønn David, han som gjeter småfeet! Så tok Isai et esel, som han lesste brød på, en skinnsekk med vin og et kje og sendte det med sin sønn David til Saul. Slik kom David til Saul, og han ble i hans tjeneste. Saul ble meget glad i ham, og **han ble hans våpensvein.**
(Første Samuelsbok 16,17-21.)

David ble hentet rett fra markene der han tok hånd om farens sauer til å bli kong Sauls *våpensvein*. Alle krigere av en viss anseelse hadde en slik hjelper.

En *våpensvein* var en personlig tjener som bar det store skjoldet og antagelig andre våpen for en konge. Jobben hans var ikke bare å beskytte kongen under kamp, men også å drepe de sårede blant dem som kom mot kongen. I *Zondervan Encyclopedia of the Bible* står det: «Våpensveinene brukte klubber og tjukke sverd for å gjøre slutt på fiendens sårede.» Høres det ut som en jobb for en gutt med et ungt ansikt langt bortefra? I skriftstedet ovenfor får vi også vite at Sauls tjener sa at David var «*en djerv mann og en stridsmann*». Virkelig? Dette var David før han gikk imot Goliat, den store filisternes mester, med kun en *slynge* og *fem glatte steiner*.

Saul ble valgt til konge fordi: **Han var et hode høyere enn alt folket.** (Første Samuelsbok 9,2.) Noe som betyr at han var meget høy hvis han var **et helt hode høyere** enn noen annen person. Men før David gikk for å møte Goliat, tok han på seg hele Sauls rustning, inkludert hjelmen, brynjen og Sauls sverd, og han gikk omkring (Første Samuelsbok 17,38-39). Så leser vi om David:

128

*David sa til Saul: Jeg kan ikke gå med dette, for **jeg har ikke prøvd det før**. Så tok David alt dette av seg.*

(Første Samuelsbok 17,39.)

Den bokstavelige oversettelsen av det hebraiske ordet er at David ikke hadde «*testet*» rustningen, og de fleste engelske oversettelsene har oversatt det på den måten, Men jeg har brukt NIV, der det står at han «*ikke var vant til*» rustningen fordi det gir et bedre inntrykk av det David sa.

David var ganske enkelt ikke vant til å bruke en rustning med en hjelm og en hel brynje, så han tok det av seg igjen. Hvis David hadde vært tradisjonens unge tenåring, kan det hende at rustningen hadde tvunget ham i kne på grunn av den enorme størrelsen og store vekta, men vi ser at David tok den på seg og prøvde å gå rundt i den. Hvis David hadde vært tradisjonens ungdom, ville det ha vært latterlig at han bare prøvde å ta på seg en rustning, hjelm og brynje som var skreddersydd for en konge, skreddersydd for en mann som var så mye større i høyde og kroppsbygning enn David. Nei, David var ingen kvisete ungdom. Han var en sterk, vakker, fryktløs ung mann som kong Saul umiddelbart satte over hæren sin (Første Samuelsbok 18,5), som er slik som flertallet leser den hebraiske teksten.

Ifølge NIV utnevnte Saul David til *en høy stilling* i hæren, og NLT mener at Saul gjorde David til en *offiser*. Men de fleste andre oversetter gjengir det på denne måten:

*Så drog David ut. Han bar seg klokt ad i alt det Saul satte ham til. **Saul satte ham over sine krigsmenn**, og **han var vel likt av hele folket**, også av Sauls tjenere.*

(Første Samuelsbok 18,5.)

Uansett om David fikk befalet over hele hæren, om han fikk en høy stilling i hæren eller om han ble gjort til offiser, er det uansett et ugjenkallelig bevis på at David ikke var en umoden gutt med kviser i ansiktet. Ingen med vettet i behold ville sette en ung mann i ledelsen for sine erfarne soldater. De ville nekte å kjempe under en slik person. Vi får vite at Davids utnevnelse over krigsmennene var behagelig i øynene til Sauls tjenere (Første Samuelsbok 18,5), og det ville ikke ha vært det hvis David bare hadde vært en arrogant ungdom.

Fortellingen om den første delen av Davids liv er bare enda et eksempel på hvordan tradisjonen så ofte klarer å begrave fakta under et lass med fantasi.

Kjære Herre!

Hjelp oss med å se forskjell på fakta og fantasi ved å studere ditt ord. Hjelp oss med å *granske hver dag i Skriftene* (Apostlenes gjerninger 17,11) for å finne ut fakta, og hjelp oss med å være flittige med å *framstille oss for Gud som en som holder prøve, en arbeider som ikke har noe å skamme seg over, en som på rett måte utdeler sannhetens ord* (Andre Timoteus 2,15). La ikke *verdens bekymringer* kvele livet i Guds Sønn i oss, og la ikke *rikdommens bedrag og lyst til andre ting komme inn og kvele ordet* (Markus 4,19) slik at vi blir fruktløse. Amen!

Jul og Jesu fødsel

I løpet av livet har jeg feiret jul i England, Amerika, Thailand, Italia, New Zealand, Israel og Nederland. I Israel finnes det ingen høytidelig atmosfære ved juletider, og de eneste trærne og glitteret man kan finne, er i hjemmene til de kristne filippinske og thailandske arbeiderne, hjemmene til staben i kristne organisasjoner og hjemmene til tusenvis av russiske israelere. (Seksti prosent av de russiske immigrantene som kom til Israel etter Sovjetunionens fall, var ikke-jøder, og de kjøpte papirene sine enten med penger eller med «tjenester».)

Armenerne i den sagnomsuste Gamlebyen i Jerusalem feirer jul, og det gjør også de kristne araberne i Øst-Jerusalem. De har både trærne og glitteret i tillegg til all kommersialisering fra de vestlige landene, som de har lært av. Det å si at de fleste ultraortodokse jøder i Israel «misliker» jul, er en sterk underdrivelse. Hvis de hadde fått viljen sin, ville noen av dem ha innført tvang om å rense bort jula fra folks hjerner.

De fleste kristne stiller aldri spørsmål ved jul, så det er ikke noe galt med litt informasjon om dette emnet.

Feiringen av den 25. desember som Jesu fødselsdag, kom til oss fra kirken i det fjerde århundre. Det var aldri ment at det skulle oppfattes som den konkrete dagen, selv om kirkens tradisjoner og verden generelt har klart å etablere dette som et faktum som ikke kan diskuteres. Men feiringen av Jesu fødsel var ukjent for kirken i mer enn tre hundre år. I sju hundre år feiret Rom den hedenske festivalen «den uovervinnelige sola» på den 25. desember. Da Rom omvendte seg til kristendommen under Konstantin, bestemte noen kristne seg for at de ville feire med en høytid for «rettferdighetens sol» (Malaki 4,2), i sterk kontrast til den hedenske festivalen. Og det er slik som vi kom til å feire 25. desember som Jesu fødselsdag.

Julenissen har også et navn som stammer fra det fjerde århundre. Biskop Nikolas fra Myra i det moderne Tyrkia elsket barna og tok hånd om de trengende. Han ble etterhvert forfremmet til helgen, og han har blitt kalt ved mange navn, inkludert «Sinterklaas» på neder-landsk, som senere ble Santa Claus på engelsk.

Ordet «Christmas» (jul på engelsk) utviklet seg fra «Christ Mass» (Kristus-messe på engelsk), men jula ble populær først på 1800-tallet da juletrærne ble importert fra Tyskland, for Charles Dickens hadde sterk innflytelse med sine årlige julefortellinger som begynte med *En julefortelling*. Puritanerne både i England og New England (Amerika) prøvde å forby julefeiringen, men dette viste seg å være upopulært, så jula overlevde.

Siden den industrielle revolusjon er jula blitt utviklet og kommersialisert, og kirkens periode med stille refleksjoner og forberedelser har utviklet seg til den febrilske aktiviteten som vi alle kjenner så godt i dag.

Det er blitt gjort et antall forsøk på å fastsette datoen for Herrens fødsel, og det finnes endeløse argumenter for hvilket år han ble født på grunn av mangelen på avgjørende informasjon, slik som i hvilket år som kong Herodes døde, hvilken folketelling det var som tvang Josef og Maria å reise til Betlehem – var det en alminnelig folketelling eller en opptegnelse av eierskapet for eiendommer av skatterettslige årsaker, etc.

Jeg er ikke interessert i å fastsette hvilket år Jesus ble født. Jeg er kun interessert i å fastslå hvilken jødisk begivenhet som sammenfalt med fødselen hans. Jeg er kun klar over ett annet seriøst forsøk på å fastsette hvilken tid og høytid som er forbundet med Herrens fødsel, og dette ble kunngjort av en respektert bror for noen år siden i Jerusalem. Han fortalte for en meget stor samling kristne fra hele verden at Jesus ble født under løvhyttefesten, som omtrent finner sted i måneden september på den gregorianske kalenderen som vi bruker i dag.

Jeg var på det møtet og snakket med broderen etterpå, og jeg påpekte at det var noe han ikke hadde tatt med i beregningen da han foretok utregningen sin, og han lovte å se på det jeg fortalte ham. Men uttalelsen hans hadde gått ut til flere tusen kristne fra hele verden, og siden den gangen er det nesten blitt en doktrine i noen deler av den kristne verden.

Omveltende begivenheter som at *Guds Lam ble slaktet* (påsken), utgytelsen av *Den Hellige Ånd* (pinsen), er alltid koblet til jødiske høytider eller historiske hendelser. Derfor er vi nesten sikre på at fødselen til Guds *Salvede, Messias, Forløseren* og *Israels Konge* er koblet med en lignende betydningsfull begivenhet.

Vi finner antydninger til tiden for Frelserens fødsel over hele Bibelen, og i Lukas' evangelium leser vi:

I de dager da Herodes var konge i Jødeland, var det en prest som hette Sakarias, av Abias skift.

(Lukas 1,5.)

Historikere krangler om hvilket år Herodes døde, men i dette studiet spiller det ingen rolle hvilket år som Herodes døde. Det påvirker ikke det historiske faktum at Herodes levde da Sakarja *av Abias skift* gjorde tjeneste som prest i templet. Jesus ble født omtrent fjorten måneder etter at Sakarja fikk besøk av engelen Gabriel. Sakarja var fra *Abias skift – det åttende prestelige skiftet fra begynnelsen av det jødiske året* (Første Krønikebok 24,10), og han tjente i templet da engelen Gabriel åpenbarte seg for ham. Det jødiske året har førtiåtte uker, ikke femtito som den gregorianske kalenderen.

Bibelen forteller oss at prestene ble inndelt i tjuefire skift (Første Krønikebok 24,18), og det var åpenbart slik at hvert skift tjente i to uker per år. Den fellen som vår lærde bror og kanskje mange andre hadde falt i, er å anta at prestene tjente i to etterfølgende uker, og det gjorde de ikke. Vi kan fastslå dette ved å lese i Andre Krønikebok:

*Levittene ... tok hver sine menn, både dem som **tiltrådte på sabbaten** og dem som **trådte av på sabbaten**.*

(Andre Krønikebok 23,8.)

Og Josefus, den jødiske historikeren som levde og skrev før, under og etter Jesu liv, og som ga oss det som kanskje er den største arven fra den tidlige jødiske historien, kommenterte om kong Davids inndeling av prestene da han henviste til det tidligere siterte skriftstedet. I *Antiquities of the Jews*, bok 7, kapittel 14, seksjon 363, skriver Josefus:

> … han [David] fant et av disse tjuefire skiftene … og han foreskrev at **et skift skulle betjene Gud i åtte dager, fra sabbat til sabbat** … og denne inndelingen har forblitt inntil denne dag.

Prestene tjente derfor ikke i to uker på rad, men **to individuelle perioder på åtte dager**, og mellom dem kom det tjuetre andre skift, og alle sammen begynte og sluttet på sabbaten. De prestene som avsluttet skiftet, tjente sammen med dem som begynte sitt skift. Dermed kan vi med sikkerhet regne oss fram til to datoer for Jesu fødsel – en dato er realistisk, og den andre er usannsynlig.

Den prestelige kalenderen begynte i måneden *nisan* (som ofte kalles for *aviv/abib*):

I dag drar dere ut, i måneden abib.

(Andre Mosebok 13,4.)

Måneden *nisan/aviv/abib* tilsvarer omtrent vår april. Årets begynnelse var opprinnelig den første dagen i *tisjrei*, som var tolv dager før sukkot, men Gud endret på året slik at det begynte med *nisan* på den tiden da israelittene gikk ut fra Egypt:

*Herren talte til Moses og Aron mens de var i landet Egypt, og sa: Denne måneden skal være deres nyttårsmåned. Den skal være **den første av årets måneder** hos dere.*

(Andre Mosebok 12,1-2.)

*I **den første måneden**, det er i måneden nisan …*

(Ester 3,7.)

Åtte uker etter begynnelsen av nisan ser vi at engelen Gabriel besøker Sakarja. Etter Sakarjas uke med tempeltjeneste, ble kona hans, Elisabet, gravid:

Men en tid etter dette ble hans hustru Elisabet med barn. Hun trakk seg tilbake i ensomhet i fem måneder, og sa: Slik har Herren gjort det for meg i de dager da han så til meg for å ta bort min vanære blant mennesker.

(Lukas 1,24-25.)

I den sjette måneden av Elisabets graviditet med Johannes, ble Maria gravid med Jesus ved Den Hellige Ånd:

*Og det skjedde at da Elisabet hørte Marias hilsen, da sprang barnet i hennes liv. Elisabet ble fylt med Den Hellige Ånd. Hun ropte med høy røst og sa: Velsignet er du blant kvinner, og **velsignet er frukten av ditt morsliv**! Hvordan kan dette hende meg at **min Herres mor** kommer til meg? For se, da lyden av din hilsen nådde mitt øre, sprang barnet i mitt liv av fryd! Salig er hun som trodde! For fullbyrdet skal det bli som er sagt henne av Herren.*

(Lukas 1,41-45.)

Hvis vi antar at det fant sted et standard svangerskap på 38 uker etter unnfangelsen, må Maria enten ha født i begynnelsen av måneden *av*, som korresponderer med vår måned juli. Eller hvis engelens besøk fant sted i den andre perioden av Sakarjas skift, må fødselen ha funnet sted midt i måneden *tevet*, som tilsvarer slutten av januar. Men dette er meget usannsynlig, for det er den kaldeste, våteste tiden på året, og det er ofte temperaturer under null. På den tiden ville man neppe forvente seg at folket ville reise over hele landet med esel eller til

136

fots til den folketellingen som Cæsar Augustus hadde foreskrevet (Lukas 2,1-3).

Det er også meget usannsynlig at det ville være hyrder ute på markene med sauene sine (Lukas 2,8) – de ville ha vært skjermet fra været, slik som det fortsatt er i dag. Ifølge mine studier og utregninger er den eneste helligdagen som kan passe med fødselen, den **niende dagen i av**, den dagen som både det første og det andre templet ble ødelagt på. Hvor passende det er at *Guds lam, som bærer verdens synd* (Johannes 1,29) blir født den **niende dagen i av**, den dagen da vi minnes ødeleggelsen av de to templene som ikke kunne inneholde ham, og som tok bort det offersystemet som ble gjort foreldet av Jesu død på et romersk kors på Morias berg, den plassen som vi i dag kjenner som Golgata.

Den **niende dagen i av** (*tisja b'av*) er den dagen da religiøse jøder faster og klager over at begge templene gikk tapt. Det er ikke tillatt å ha på seg lær eller sko med delvis lær, og de nekter seg selv alminnelige bekvemmeligheter.

Kjære Herre!

Ditt ord forteller oss at **da tidens fylde kom, utsendte du din Sønn** (Galaterne 4,4), som forteller oss at tiden for Jesu fødsel var utregnet. Kort tid etter din Sønns offerdød, ble det andre templet ødelagt og ofringen av dyr var over – to store templer som ble ødelagt på den samme datoen med flere hundre års mellomrom. Behovet for en annen bygning som vil huse din herlighet er blitt erstattet av et tempel som er bygd uten hender, og din Sønn Jesus er *hjørnestein*. Din Sønns fødsel feirer slutten på blodofringene og byggingen av det aller herligste av alle templer – de troendes hjerter og sinn. Å Herre, må dette templet bli fullført snart. Amen!

Esekiels tempel

Jeg hadde faktisk ingen planer på å skrive om dette emnet i denne lille boka. Jeg har som oftest holdt meg borte fra diskusjoner om det fjerde templet, for det er en av kristendommens aller helligste blant de «hellige kuene». Men jeg føler meg tvunget av Ånden til å bryte mønsteret med motvilje og isteden lufte mine personlige tanker om emnet. Min egen ånd sier: «Kom igjen, heng deg selv, det er din hals.»

Leseren vil allerede ha lagt merke til at jeg snakker om et fjerde tempel, ikke et tredje tempel. Grunnen til dette er at tre templer allerede er blitt bygd i Jerusalem: av Salomo, av Serubabel og av Herodes. Derfor venter menigheten på et fjerde tempel og ikke et tredje. Til forskjell fra tidligere kapitler, vil jeg bruke sitater fra eksisterende verk som er skrevet av lærde menn for å støtte og fastslå argumentene mine. Disse lærde mennene forklarer tingene på en måte og med slike ord som jeg bare kan ønske å få oppnå.

Historikeren Josefus fra det første århundre skriver i sin *Antiquities of the Jews* – bok 15, kapittel 11, at Herodes ikke **utvidet** det andre templet, men han **fjernet helt** den bygningen som ble bygd på kong Kyros og Darius' tid, de som selv hadde fastsatt templets ydmyke mål. Josefus skriver at jødene var redde for at Herodes skulle rive den nåværende bygningen uten at han kunne få templet gjenoppbygd igjen. Herodes ga jødene sitt ord på at han ikke ville rive den nåværende bygningen før alt var rede og til stede for å gjenoppbygge, og det er nøyaktig det som skjedde.

The Works of Josephus, oversatt av William Whiston (1667-1752), ble første gang publisert i 1736. *The Complete and Unabridged New Updated Edition of The Works of Josephus* (1987) inneholder Whistons lett arkaiske opprinnelige notater. Angående at Herodes gjenoppbygde templet, skriver Whiston:

> Vi kan her observere, at de moderne jødenes innfall, som er å kalle dette templet, som egentlig var det tredje av templene, for det andre templet, som senere kristne har fulgt så lenge, virker å være uten et solid grunnlag. Grunnen til at kristne her følger jødene, er på grunn av profetien i Haggai (2,6.9), som de utdyper til at Messias' komme skulle være til Zorobabels (sic) tempel, og de antar at Herodes' tempel bare er en fortsettelse, som snakker om, tror jeg, om hans komme til det fjerde og siste templet, eller til det framtidige, største og herligste, som er beskrevet av Esekiel. Mens jeg mener at den første forestillingen, som er generelt forundret, å være en stor feil.

Så nå har vi slått fast at Herodes faktisk fjernet det andre templet helt og holdent for å kunne bygge en tredje og herligere bygning. Dermed vil jeg fortsette med å henvise til forventningene om et nytt tempel som forventningene til det fjerde templet. Spørsmålet om Haggais profeti skal vi se på senere.

Jeg mente i det forrige kapitlet – før det fantes noen tanker på å skrive om det fjerde templet – at Jesu Kristi fødsel fant sted på *den niende dagen i av,* den dagen da vi minnes ødeleggelsen av de to templene (Salomos og Herodes'). Derfor mener jeg at det er heller absurd at det skal bygges et nytt tempel når Gud, i sin guddommelige visdom, sørget for at begge templer ble ødelagt på den samme dagen, selv om det var flere århundrer mellom dem, og valgte den skjebnesvangre dagen til hans enbårne Sønns fødsel: ***Men da tidens fylde kom, utsendte Gud sin Sønn.*** (Galaterne 4,4.) Det betyr at behovet for et hus for Guds navn, som han har innviet for sitt navn (Første Kongebok 9,7), har etter min mening blitt erstattet de to siste millennier, for Gud bor nå i sitt folk. Både som et faktum og i virkeligheten er vi nå den levende Guds tempel:

*Vet dere ikke at **dere er Guds tempel**, og at Guds Ånd **bor** i dere?*

(Første Korinterne 3,16.)

***Vi er jo den levende Guds tempel, som Gud har sagt: Jeg vil bo hos dem** og ferdes iblant dem, jeg vil være deres Gud og de skal være mitt folk.*

(Andre Korinterne 6,16.)

*Så er dere da ikke lenger fremmede og utlendinger, men dere er de helliges medborgere og Guds husfolk, bygd opp på apostlenes og profetenes grunnvoll, og **hjørnesteinen er Kristus Jesus selv. I ham blir hele bygningen føyd sammen og vokser til et hellig tempel** i Herren. I ham blir også dere, sammen med de andre, bygd opp til en **Guds bolig i Ånden**.*

141

(Efeserne 2,19-22.)

I tillegg til dette bør vi også ta med i betraktningen noen ting som den kunnskapsrike forfatteren av Hebreerne sier. Det gir oss bedre innsikt i Guds forutbestemte plan både for templet og for vår frelse:

*Med dette gir Den Hellige Ånd til kjenne at **veien til helligdommen ennå ikke er blitt åpenbart så lenge det forreste teltet ennå står**. Dette er et **bilde** inntil den nåværende tid.*

(Hebreerne 9,8-9.)

Herodes' tempel var forutbestemt til å ødelegges. Det var bare **et bilde** på det som skulle komme, og mens det fortsatt sto, var det ingen adgang for oss til å komme inn og tjene som prester i det aller helligste. Men gjennom Jesu sonende død, ble veien inn til det aller helligste vid åpen. Men det var ikke et jordisk tempel. Det var det større og mer perfekte tabernaklet som ikke er laget av hender, og det er selvfølgelig menigheten:

*Men da Kristus kom som yppersteprest for de goder som skulle komme, gikk han gjennom det telt som er **større og mer fullkomment, som ikke er gjort med hender – det vil si: som ikke er av denne skapning**.*

(Hebreerne 9,11.)

Når vi har sagt at Gud forutbestemte at det fysiske templet (en **skygge** av det som skulle komme) måtte **fjernes for at det templet som ikke er laget av hender skulle opprettes**, må vi nå vende oppmerksomheten mot grunnen til beskrivelsen av templet og de hellige områdene som vi finner i profeten Esekiel i kapittel 40 til 45.

Det første punktet som vi må fordøye, er at målene i Salomos storslåtte tempel (som er beskrevet to ganger, i

142

Første Kongebok 6-7 og i Andre Krønikebok 2-5), bare er beskrevet **tjueto** ganger, mens målene i Esekiels tempel er beskrevet **ett hundre og ti** ganger. Dette er en meget vesentlig forskjell, for det sier oss ganske mye om Esekiels syn.

Det andre punktet som vi må legge merke til, er at Esekiel er i eksil i Babylon sammen med nesten hele den gjenværende resten av Juda. Men Esekiel får en befaling fra en himmelsk mann, som så ut som han var av bronse, å fortelle hele Israels hus **alt** det som blir vist ham angående **templet, de hellige distriktene** for prestene og **hvordan landet skulle deles inn** mellom Israels tolv stammer:

Mannen talte til meg og sa: Menneskesønn! Se med dine øyne og hør med dine ører og gi akt på alt det jeg vil la deg se! For du er ført hit, for at jeg skal la deg se det. Forkynn Israels hus alt det du ser!

(Esekiel 40,4.)

Judas eksil fra landet var blitt fastsatt til sytti år:

For så sier Herren: Når sytti år er gått for Babel, vil jeg se til dere og oppfylle for dere mitt gode ord, at jeg vil føre dere tilbake til dette sted.

(Jeremia 29,10.)

Vi får vite at Esekiels syn av et himmelsk vesen (mest sannsynlig Gud Den Allmektige i en annen form) var i det tjuefemte året av fangenskapet (Esekiel 40,1-3). Etter tjuefem år i eksil – i erobrernes land – ville Judas fanger nesten helt sikkert ha mistet alt håp om å vende tilbake, på tross av at Herren hadde lovt å føre dem tilbake til sitt eget land etter sytti år.

Med det i tankene er det lettere å forstå grunnen til at det himmelske vesenet insisterer når han sier til Esekiel:

143

se, hør, gi akt på alt det jeg vil la deg se, og forkynn Israels hus alt det du ser.

Jeg vet at det finnes en risiko for at jeg blir stemplet som heretiker når jeg sier at jeg er av den oppfatningen at Esekiels visjon av templet ikke var noe mer enn oppmuntring for Guds utvalgte folk. Det var ord som Herren ga for å styrke et svunnet håp om at noe bedre ventet for dem. Det var ord som ville hjelpe dem med å holde ut i førtifem nye år med fangenskap.

Det virker som om det finnes minst en fornem kommentar (*Word Biblical Commentary*) som i det minste delvis er enig, for der står det:

Esekiels visjon er **eksplisitt relatert til flyktningene**. Hensikten var å **utkrystallisere Herrens løfter om en gjenopprettelse**, som ble gitt gjennom Jeremia.

Vi kan også tenke på det som ble skrevet for lenge siden av A.R. Fausset (1821-1910) for den berømte bibelkommentaren *Jamieson, Fausset, Brown*:

Det faktum at **det hele er en visjon** (Esekiel 40,2), **og ikke en muntlig kommunikasjon ansikt til ansikt, slik som det Moses opplevde** (Fjerde Mosebok 12,6-8), antyder at **anvisningene ikke skal forstås så bokstavelig** som det som blir gitt til den jødiske lovgiveren. **Beskrivelsen inneholder ting som, hvis det ble tatt bokstavelig, nesten ville ha betydd naturlige umuligheter.** Templets kvadrat i Esekiel 42,20 er seks ganger så stort som omkretsen av muren rundt det gamle templet, og **større enn hele det jordiske Jerusalem.** Esekiel gir oss fem og en halv kilometer og ett hundre og tretti meter som templets kvadrat.

144

Grensene i den gamle byen var omtrent fire kilometer. Atter en gang har byen i Esekiel et område som er mellom åtte og ti tusen kvadratkilometer, inkludert de hellige områdene som er avsatt for fyrsten, prestene og levittene. Dette er **nesten like stort som hele Judea vest for Jordan**. Siden Sion lå midt i den ideelle byen, ville den ene halvdelen av det hellige området strekke seg til nesten 50 kilometer sør for Jerusalem, det vil si at det dekket nesten hele de sørlige territoriene, som kun nådde til Dødehavet (Esekiel 47,19), og allikevel skulle **fem stammer ha sin arv på den siden av Jerusalem, utenfor det hellige området** (Esekiel 48,23-28). **Hvor skulle man finne land for dem der?** Det ville kun være en stripe på seks til åtte kilometer igjen. Siden landets grenser er de samme som det var under Moses, **kan ikke disse uoverensstemmelsene forklares med antatte fysiske endringer** som skal finne sted i landet, slik at det vil fylle **problemene med en rent bokstavelig tolkning**.

Jeg kan forstå det hvis noen lesere føler at jeg har forrådt troen ved å gi uttrykk for synet mitt på dette emnet, for det fjerde templet er et av de største av kristendommens alle «hellige kuer». Men jeg må understryke det jeg har sagt tidligere, at jeg har en sterk overbevisning om at Esekiels visjon av templet ikke var noe mer enn oppmuntrende ord til Guds utvalgte folk. Ord som kun ble gitt for å gi dem håp om at noe bedre ventet for dem. Det var ord som ville hjelpe dem med å holde ut i førtifem nye år med fangenskap.

Jeg tror at den enorme størrelsen på templet i Esekiels syn, der han fikk en befaling om å *forkynne alt det du ser*, er Guds måte å fortelle flyktningene at de ikke ville vende hjem til den tidligere status quo. Hvert eneste område i templet i Esekiels syn er mye større og mer storslagent enn størrelsen på Salomos tempel, som var utsmykket i gull, med unntak for *det aller helligste*. Dette området fikk den samme størrelsen som motstykket i Salomos tempel, for Herren **har ikke forandret seg** (Malaki 3,6). Han vil alltid forbli den samme. Og oppdelingen av landet mellom de tolv stammene er den samme som tidligere. Den eneste forskjellen er at hvis templet er bokstavelig, så finnes det ingen områder i det hele tatt for flere stammer.

Hvis vi nå vender tilbake til Haggais profeti, som William Whiston tidligere har nevnt, ser vi enda flere avvikelser som ikke kan forklares:

*For så sier Herren, hærskarenes Gud: Enda en gang, om en liten stund, vil jeg ryste himmelen og jorden, havet og det tørre land. Jeg vil ryste alle folkene, slik at alle **folkenes lengsel skal komme**, og **jeg vil fylle dette hus med herlighet**, sier Herren, hærskarenes Gud. **Sølvet er mitt**, og **gullet er mitt!** sier Herren, hærskarenes Gud. **Dette siste huset skal få en større herlighet enn den det første hadde**, sier Herren, hærskarenes Gud. Og **på dette sted vil jeg gi fred**, sier Herren, hærskarenes Gud.*

(Haggai 2,6-9.)

Haggai profeterte i den perioden som kom umiddelbart etter at flyktningene vendte tilbake fra Babylon. Mange av dem som nå vendte tilbake til det øde og fattige landet, var meget slukøret etter sytti år i fangenskap. Haggais oppgave var å motivere dem og egge dem til handling.

Ett år etter hjemkomsten hadde det ikke vært noen framgang med hensyn til å gjenoppbygge templet. Haggais profetiske ord handlet om stedet der Salomos tempel nå lå i ruiner (se profetien ovenfor). Og akkurat som Esekiels syn av et enormt tempel ble gitt nettopp for å gi nytt håp til de ynkelige fangene, var hensikten med Haggais profeti om et større, mer storslagent tempel enn Salomos, som var fylt med nasjonenes skatter, å oppmuntre de hjemvendte flyktningene om å gå til aksjon. Og strategien virket. De ristet av seg apatien og gikk til verket. Men da grunnvollen for det andre templet endelig ble lagt, var det ikke alle som var glade. De eldste prestene og mennene som hadde sett Salomos tempel, og som husket hvor grandiost det var, gråt da de så den mikroskopiske størrelsen på grunnvollen til den nye bygningen:

*Men mange av prestene og levittene og familieover-hodene – de gamle **som hadde sett det første huset, gråt høyt da de så dette huset bli grunnlagt**. Men mange jublet høyt av glede. Folket kunne ikke skjelne lyden av gledesjubelen fra lyden av folkets gråt.*

(Esra 3,12-13.)

Det andre templet, som ble bygd på den tiden da Serubabel var guvernør i Judea, var lite i sammenligning med Salomos tempel, og man kan ikke forestille seg at det kan ha fullbyrdet Herrens ord: «***Dette siste huset skal få en større herlighet enn den det første hadde.***» Ikke engang herligheten i Herodes' storslåtte tempel kunne måle seg med Salomos bygning.

147

Vi kan forlate Haggais profeti der, sammen med min mening om at det bare var en oppmuntring for å jobbe med det andre templet, men vi burde grave litt dypere åndelig for å se hva Gud vil vise oss her. Den hebraiske teksten sier bokstavelig at *herligheten i det «siste»* – (אחרון) *huset* – (בית) *skal være større enn det «første»* – (ראשון). *Det «første»* Guds hus må være Salomos tempel, men det «siste» Guds hus må være *det telt som er større og mer fullkomment, som ikke er gjort med hender – det vil si: som ikke er av denne skapning* (Hebreerne 9,11). Og *Fredsfyrsten* (Jesaja 9,6) vil være *yppersteprest* i dette huset som ikke er gjort med hender. Det husets herlighet skal være større enn noe annet som vi kan forestille oss: «*Og på dette sted vil jeg gi fred, sier Herren, hærskarenes Gud.*»

Enda en gang: Jeg tror at det som kristendommen kaller for Esekiels tempel, ikke kan være et *bokstavelig* tempel noe mer enn at herligheten i Serubabels tempel *bokstavelig* var større enn Salomos tempel i herlighet og rikdom. Kom igjen og stein meg!

Kjære Herre!

Hjelp oss med å være helt og fullt overbevist i våre egne sinn om det vi tror på. Hjelp oss med å utfordre og provosere våre egne tanker slik at vi grunner på det vi er blitt opplært til istedenfor å blindt akseptere noe fordi vi er for åndelig late eller sløve til å lete etter svaret. La oss få *søke i Skriftene hver dag* og meditere i bønn på det vi leser. Hjelp oss med å tenke på ting og uttale for oss selv hva vi tror på slik at vi kan dele vår tro på en overbevisende måte med andre. Amen.

Om forfatteren

Ramon Bennet ble født i England bare noen dager før Adolf Hitler invaderte Polen, noe som betydde at andre verdenskrig var i gang. Bennetts familie emigrerte til New Zealand under Ramons første år som tenåring, og i New Zealand traff Ramon en troende mann som viste ham sannheten om den oppstandne Messias.

Ramon kjempet med den dype overgivelsen som er påkrevd for et hengitt liv med Gud inntil juni 1965, og da han var alene i bønn i august 1967, ble han salvet av Den Hellige Ånd. Kort tid etterpå begynte han å lede et team med evangelister i Auckland, New Zealands største by, og han begynte også å ta imot invitasjoner om å forkynne i lokale menigheter. I begynnelsen av 1980 fikk Ramon et spørsmål om å hjelpe til i Israel, og som svar på det kallet ankom han til Israel den 14. mai 1980, den trettiandre årsdagen for grunnleggelsen av den moderne staten.

Ramon møtte sin kommende kone, Zipporah, den fjerde dagen han var i Israel, og de giftet seg året etterpå. Han følte kallet til landet og ble en del av

Messias' sitt legeme i Jerusalem, der de fortsatt bor i dag.

Ramon har mange hatter. Han er en ordinert predikant, en teolog, en internasjonal bibellærer med bibelske profetier som spesialfelt, en historiker og en politisk analytiker. Siden han er statsborger i tre forskjellige land, har han et unikt internasjonalt perspektiv på begivenhetene i verden. Han kobler sammen bibelske profetier, dagens begivenheter og den verdensvide vekkelsen. Budskapet hans er opplysende og har fengslet lyttere over hele verden.

Ramon Bennett er forfatter av flere internasjonale bestselgende bøker på grunn av sin ekspertise på bibelske profetier og Midtøsten. Den boka som har solgt best, *Filisterne*, og som ble publisert i 1995, er en dynamisk avhandling om «fredsprosessen» i Midtøsten. Den er blitt trykket i atten opplag og er tilgjengelig på seks språk. Selv om noen politiske navn er blitt endret, har de fakta og bevisene som er presentert i boka, ikke forandret seg.

Siden han begynte sin internasjonale tjeneste i 1987, har Ramon undervist og forkynt på møter, seminarer, konferanser og bibelskoler over hele verden. Han har også vært gjest på TV- og radioprogrammer over hele verden og er ikke fremmed for telefonintervjuer for radioprogrammer. I ni år på rad var han en taler ved Internasjonale Kristne Ambassade Jerusalems løvhytte-fest i Jerusalem, den største kristne samlingen som blir arrangert i Israel. Ramon har i den siste tiden redusert de internasjonale reisene sine, siden han isteden foretrekker å tilbringe mer av sin tid i Jerusalem der han skriver om det som Herren har lagt på hans hjerte.

Om forlaget

Himmelbok er et forlag som både utgir egne bøker, og som gjør det mulig for uavhengige norske forfattere å få utgitt bøkene sine på norsk. Himmelboks bøker er til salgs på www.himmelbok.no. Per juni 2018 kan du blant annet kjøpe følgende bøker via Himmelbok.

Lars Enarson: *En trengselstid for Jakob.* Denne boka handler om Israel og menigheten i endetiden.

Lars Enarson: *Den store skjøgen*. En bok som vil hjelpe leserne med å forstå hvem den store skjøgen i Åpenbaringsboka er.

Ramon Bennett: *Epler av gull*. Bennett skriver her ei bok om mange skatter som man kan finne i Bibelen hvis man bare leter i den hebraiske teksten. Boka blir utgitt sommeren 2018.

Theodor Herzl: *Den jødiske staten*. Bok nummer en i serien «Sionismens klassikere».

Max Nordau: *Sionismen*. Bok nummer to i serien «Sionismens klassikere».

Jon Andersen: *Hvem bryr seg om palestinerne?* Bok nummer en i serien «Israel og nasjonene». Boka handler om Israels forhold til de palestinske araberne.

Jon Andersen: *Israel – Fra Dan til Beer Sheva.* Dette er en reisehåndbok som beskriver mer enn 200 severdigheter over hele Det hellige land med fargefotografier fra de fleste severdighetene.

Jon Andersen: *Onkel Sam eller onkel Judas?* Bok nummer to i serien «Israel og nasjonene». Boka handler om Israels forhold til USA.

Jon Andersen: *Slagmark – Israels historie 1945-2009.* Denne boka ble opprinnelig utgitt på Hermon Forlag i 2009. En ny, heftet billigutgave av boka er nå til salgs.

www.himmelbok.no